"IL VASO DI PANDORA"
La verità nascosta sulle frequentazioni e relazioni romantiche

Alessio David Ricioppo Parra

Riguardo l'autore:

Alessio David Ricioppo Parra (nato a Genova il 21 settembre 1988, con doppia cittadinanza spagnola ed italiana) è un life e dating coach ed uno yogi avanzato che ha iniziato a praticare yoga all'età di 16 anni e che ama aiutare le persone ad essere più felici, crescere in una versione migliore di sé stessi e realizzare i propri sogni. .

copyright ©
Anno di rilascio - 2017
Alessio David Ricioppo Parra
IL VASO DI PANDORA
La verità nascosta sulle frequentazioni e relazioni romantiche

ISBN 978-0-244-04540-1
Pubblicato grazie a: lulu.com
Tutti i diritti riservati

Sito web ufficiale: theinteriorlight.wordpress.com
Business mail ufficiale (feedback, richieste di life e dating coaching): theinteriorlight@gmail.com

INTRODUZIONE E RINGRAZIAMENTI

Questo libro è stato richiesto dai miei clienti come un approfondimento del capitolo sulle frequentazioni e relazioni romantiche del mio libro *"La Luce Interiore – Attiva la tua grandezza"* (disponibile su: lulu.com). Quando leggerai questo libro, la verità sulle frequentazioni e relazioni romantiche ti sarà pienamente svelata, dopodiché non potrai più tornare indietro. Questa è la *"verità nascosta"* che il femminismo e le società non vogliono che sia conosciuta e diffusa, per cui provano di nasconderla a tutti i costi. Caro lettore, potresti chiedermi: *"perché la scelta di questo titolo?"*. Nella mitologia greca, il vaso di Pandora era un recipiente in cui erano contenuti tutti i mali del mondo. Tuttavia Pandora fu così presa dalla curiosità che decise di aprirlo ugualmente, causando la dispersione di tutti i mali nel mondo, lasciando solo la *"speranza"* in fondo al vaso. Oggi anche tu hai la possibilità di aprire un vaso ed una volta che il vaso è aperto, svaniranno tutte le malvagie illusioni e bugie sulle frequentazioni e relazioni romantiche che il femminismo e la società cercano di impiantare nei singoli individui, lasciando disponibile in fondo al vaso solo la verità sulle frequentazioni e relazioni romantiche. Questa verità sarà tua per il resto della tua vita, migliorandoti e permettendoti di avere frequentazioni e relazioni romantiche senza sforzo. Questo è il motivo per cui ho deciso di chiamare questo libro *"Il vaso di Pandora"*. Consiglio fortemente la lettura di questo libro almeno 10-15 volte e di mettere in pratica i principi esposti nel libro, affinché essi diventino automatici per te e così diventerai un alfa del tuo rispettivo sesso (maschio alfa, femmina alfa). Questo libro è dedicato a tutti i miei clienti e alle persone che lo hanno reso possibile: sapete chi siete e un ringraziamento di cuore a tutti voi! Questo detto, è arrivato il momento di aprire il vaso... ;-)
Buona lettura!
Coach Ricioppo Parra

SOMMARIO

1

LA SCINTILLA DELL'ATTRAZIONE

"E' così diverso dagli altri" - pensò Yana appena incrociò i suoi occhi... Questo successe durante una notte bianca a San Pietroburgo.

Yana è una brillante ed affascinante modella: capelli lunghi di colore castano, occhi azzurri ed in ottima forma. Yana stava passando un periodo critico in quanto qualche settimana precedente a quella sera finì la sua relazione con l'ex fidanzato Igor.

La loro relazione durò a lungo ed avendo investito molto tempo ed energia in essa, Yana si sentì completamente devastata alla fine della stessa al punto di non voler più uscire fuori di casa per settimane, eccetto che per andare a lavorare.

Essenia era molto preoccupata per lei. Essenia è la migliore amica di Yana ed é anche lei una modella: capelli lunghi di colore biondo, occhi castani ed in ottima forma. Si conoscono da molti anni, ma questa fu la prima volta che Essenia aveva visto Yana così di mal umore e ridotta in uno stato tanto pietoso.

Essenia era riuscita a far parlare Yana al riguardo dell'accaduto, ma nonostante tutto Yana si continuava a rifiutare di uscire eccetto che per andare a lavorare.

Essenia rispettò questo desiderio in un primo momento, ma visto che la situazione si era prolungata per svariate settimane dopo l'accaduto, non poté più stare seduta a guardare. Essenia chiamò Yana quel pomeriggio: *"Yana, so che ti senti male, ma se continui a rimuginare sull'accaduto*

*tutto il tempo, ti potresti deprimere. Ho un'idea: che
ne dici di venire con me ad una festa divertente? Ti
terrà la testa occupata per un po' anziché
continuare a rimuginare su quella vicenda."*
Yana apprezzò la chiamata e rispose ad Essenia:
*"Hai ragione Essenia: devo tenermi occupata e
pensare ad altro. Andiamo a questa festa, ma
ricorda che domani mattina abbiamo molto lavoro
da fare insieme. Verso mezzanotte dobbiamo
lasciare la festa e tornare a casa".*
Essenia rispose: *"Certo cara! Allora ti vengo a
prendere alle 20:00 davanti a casa tua. Ci vediamo
dopo, baci."*
All'ora concordata Essenia andò a prendere Yana,
facendole i complimenti per il vestito scelto e quindi
andarono alla festa. La festa era organizzata da una
amica di Essenia, di nome Anastasia. Al loro arrivo,
Anastasia le accolse in maniera affettuosa, quindi
Essenia le presentò Yana. *"Sentitevi come se foste a
casa vostra e se aveste bisogno di qualcosa
chiedetemelo senza problemi. Buon divertimento!"* -
Anastasia disse a Yana ed Essenia e quindi si diresse
verso un'altra parte del locale. Il posto che Anastasia
scelse per la festa era grande, con ottima musica di
sottofondo e molti invitati – sia uomini che donne.
Quella sera molti uomini si avvicinarono ad
approcciare Yana. La maggior parte di loro erano
completamente incompetente, usando linee di
approccio come *"Sei una ladra, perché mi hai
rubato il cuore"*, *"Assomigli ad Irina Shayk"*, *"Ti
posso comprare una bibita?"*, *"Mi chiedevo se ti*

andrebbe di uscire con me qualche volta" ed altri approcci deboli di questo tipo. Nessuno di questi approcci sortì un effetto positivo sulla donna: il primo la fece quasi vomitare, il secondo non la fece sentire unica e speciale, il terzo stava cercando disperatamente la sua approvazione e il quarto era privo di fiducia in sé stesso. Essendo alcuni di loro molto insistenti, Yana chiese i loro biglietti da visita per farli andare via, gettandoli di nascosto tutti via poco dopo. Alcuni approcci invece furono discreti e Yana decise di lasciare il proprio numero a questi corteggiatori.

Il tempo passò ed era quasi mezzanotte: l'ora concordata per andarsene a casa. Yana ed Essenia stavano preparandosi per andare via, quando il loro sguardo cadde su qualcosa di inusuale.

Nelle profondità del locale c'erano due uomini che si stavano divertendo un mondo e che non stavano lì ad approcciare le donne come tutti gli altri uomini nel locale. Erano così rilassati, divertendosi molto a parlare tra di loro, ascoltando la musica e ridendo.

Yana ed Essenia notarono alcune donne andare verso di loro, parlare qualche minuto con entrambi per poi andare via sorridenti da un'altra parte del locale. *"Chi sono?"* si chiesero Yana ed Essenia. Fu in quel momento che Yana incrocio' lo sguardo di uno dei due. La sua presenza era completamente diversa da quella degli altri uomini che provarono ad approcciarla durante la serata.

Yana sorrise all'uomo ed era nervosa al notare che l'uomo giocosamente con un dito la invitava ad andare da lui. Yana lo guardò in maniera scioccata, pensando: *"Cosa? Come mai non viene ad approcciarmi come gli altri uomini del club?"* e con un dito provò ad invitarlo a sua volta. In risposta, l'uomo scosse la testa per dirle *"no"* e nuovamente la rinvitò giocosamente ad andare da lui: a quel punto Yana non riuscì più a trattenere la curiosità. *"Vado a controllare io stessa, puoi unirti se vuoi"* - disse Yana ad Essenia.

Yana si avvicinò ad entrambi e disse: *"Hey! Come state? Trovate divertente la festa?"*, focalizzando la sua attenzione principalmente sull'uomo che la aveva invitata. L'uomo iniziò a parlare: *"Sì, ci stiamo divertendo molto"* - mentre disse così, si avvicinò a lei e le disse guardandola negli occhi: *"Sei incantevole, mi togli il fiato. Sei una bellezza intossicante. Come ti chiami?"*.

Yana fu positivamente sorpresa da quanto era diretto e sicuro di sé quest'uomo. Gli rispose: *"Mi chiamo Yana ed è un piacere conoscerti. E tu?"* L'uomo rispose: *"Piacere di conoscerti! Mi chiamo Diego e lui è il mio amico Emilio. Siamo ottimi amici dell'organizzatrice della festa."*

(Quando una donna è interessata ad un uomo e l'uomo le chiede il suo nome senza dire il proprio, la donna glielo chiederà a sua volta).

Nel momento in cui Diego disse questo, Essenia irruppe a vedere cosa stesse succedendo e si presentò ad entrambi. Diego ed Emilio iniziarono a scherzare con loro e notarono che Essenia disse a Yana che sfortunatamente era mezzanotte, per cui dovevano andarsene. Diego notò questo e disse: *"Aspettate un momento, siamo allo spettacolo di Cenerentola?"* con Yana che si mise a ridere e dopodiché aggiunse: *"Essenia, prendo in prestito la tua amica Yana giusto per un minuto."*. Diego e Yana si allontanarono di qualche metro, dopodiché Diego le disse guardandola fissa negli occhi: *"Ti voglio Yana. Capisco che devi andare via con la tua amica. Qual'è il tuo numero di telefono?"* mentre tirò fuori il cellulare dalla tasca. Yana fu sorpresa da quanto diretto fosse Diego e gli diede il suo numero senza esitare e lo stesso fece Diego.

A quel punto Yana e Diego tornarono al tavolo e Diego disse ad Essenia: *"Cenerentola è pronta ora! Vi auguro una buona notte, ragazze!"*.

Yana ed Essenia risero, quindi si salutarono e dopodiché ritornarono alle rispettive case. Essenia raccontò a Yana che Emilio le offrì direttamente il suo numero dicendole di contattarla in caso avesse in mente dei piani interessanti ed Essenia gli diede il suo.

Yana ed Essenia iniziarono a commentare il fatto che Diego ed Emilio erano completamente diversi rispetto agli altri uomini nel locale: molto diretti e sicuri di loro, andando dritti al sodo ed inoltre divertenti.

Yana commentò che la presenza di Diego era dominante ed allo stesso tempo giocosa e gentile: qualcosa di rinfrescante che non aveva visto da molto tempo. Tornando a casa Yana ringraziò Essenia per la bella serata.

Era evidente che quella sera era scoccata la scintilla di attrazione tra Yana e Diego.

(Affinché l'uomo possa avere la possibilità di sedurre e frequentare romanticamente una donna, questa deve avere almeno un livello minimo di attrazione ed in questo caso è possibile incrementarla ed esplorarla successivamente. In caso contrario, la vita prosegue e si cerca un'altra opportunità. Pertanto nella fase dell'approccio è importante valutare il grado effettivo dell'attrazione della donna nel momento stesso in cui si conversa con lei. Più alla donna piace l'uomo, più lo aiuterà e più facile sarà per l'uomo ottenere le informazioni per contattarla. Donne con un alto livello di interesse, alta sicurezza in sé stesse ed una personalità diretta approcciano direttamente l'uomo, suggerendo e/o chiedendo subito all'uomo di uscire con lei).

IL GIORNO SUCCESSIVO

Yana si sveglia presto e chiama Essenia: *"Essenia, grazie per ieri! E' stato divertente. Dobbiamo andare a fare quella foto-sessione insieme, perché Maksim ci aspetta nel suo studio alle 11:00".*
Essenia: *"Sei la benvenuta, certo che mi ricordo. Ci vediamo dopo!"*

Maksim è uno dei fotografi professionisti a cui Yana ed Essenia a volte si rivolgono per effettuare i propri servizi fotografici e la creazione dei loro portfolio. Dopo la foto-sessione si mettono d'accordo sugli ultimi dettagli necessari riguardanti il nuovo portfolio, dopodiché Maksim dà la conferma che le chiamerà appena è tutto pronto per il ritiro.

Dopodiché Yana ed Essenia vanno a mangiare insieme ed iniziano a parlare del giorno precedente.

Yana: *"Essenia, è stato un party interessante ieri! Ti sei sentita con Emilio?".*

Essenia: *"Non ancora e tu con i tizi che ci hanno provato con te ieri? E con Diego?".*

Yana: *"Quando ho acceso il cellulare questa mattina, ho notato che alcuni di loro mi hanno mandato un messaggio appena ce ne siamo andate. Alcuni di loro hanno provato a chiamarmi in mattinata prima di venire a lavorare, incluso uno di loro che non faceva altro che parlare invece di pianificare un appuntamento. Ovviamente non ho accettato di uscire con nessuno di loro, si sono dimostrati troppo bisognosi e disperati! Riguardo Diego, non l'ho ancora sentito e mi chiedo perché non si sia fatto ancora vivo...".*

Essenia: *"Capisco! Forse Diego è semplicemente occupato al momento?".*

Yana: *"Potrebbe essere, ma sto pensando lo stesso riguardo a lui. Sembra così diverso dagli altri...".*

Essenia: *"Sì ed anche il suo amico Emilio. Mi chiedo quando si faranno vivi".*

Mentre Essenia dice questo, il cellulare di Yana inizia a suonare. Essenia: *"E' Diego?".*

Yana guarda il telefono: *"No, non è Diego. E' il mio migliore amico Fjodar. Aspetta un minuto".*

Fjodar: *"Ciao Yana!".*

Yana: *"Hey Fjodar! Come va?".*

Fjodar: *"Tutto bene, ti ricordi del favore che mi avevi chiesto? Ho trovato quel libro di cui hai chiesto informazioni. Sei libera nel pomeriggio?".*

Yana: *"Ottimo! Sì".*

Fjodar: *"Bene, ci vediamo alle 17 in questo bar sulla Nevskji Prospekt?"* (Fjodar quindi le invia una foto del posto).

Yana:*"Conosco quel bar. Ok! A dopo".*

Essenia sorride e le dice: *"Hai un appuntamento romantico con lui?"*

Yana sorride a sua volta e risponde: *"Lo sai bene che lo considero solo un amico. Gli ho chiesto un favore tempo fa ed è riuscito a trovare il libro che stavo cercando".*

Essenia: *"Di cosa tratta il libro?"*

Yana: *"Te lo mostrerò direttamente di persona, sembra interessante".*

Essenia: *"Ok, nessun problema!"*

Yana ed Essenia finiscono di mangiare, quindi vanno in un centro commerciale a comprare qualcosa. Dopodiché si salutano e Yana va a vedere Fjodar.

Fjodar e Yana si salutano con un abbraccio.

Fjodar: *"E' un piacere vederti Yana"*.

Yana: *"Reciprocamente, Fjodar!"*.

Ordinano del caffè da portare via, quindi Fjodar paga e si siedono in una zona verde vicina. Parlano per qualche minuto riguardo novità recenti nelle proprie vite, quindi Fjodar tira via da una tasca il libro:

"Yana, questo è il libro che volevi. Mi è arrivato ieri via posta, così te l'ho portato appena possibile! Non c'è bisogno che mi paghi, è un regalo" dice Fjodar a Yana.

"Grazie mille! Lo apprezzo molto" risponde Yana, mettendo via il libro nella sua borsa. Quindi la voce di Fjodar inizia ad assumere un tono molto serio:

"Yana, ho bisogno di parlarti di una certa questione" dice Fjodar.

"E cioè?" risponde con curiosità Yana.

"Yana... Ti volevo dire questa cosa da parecchio tempo, ma vedi... Ti amo... Vuoi essere la mia ragazza?" dice Fjodar a Yana.

All'improvviso segue un lungo, prolungato ed imbarazzante silenzio mentre Yana sta pensando su come Fjodar ha cercato di *"comprare il suo amore"* con un regalo e su quanto era inappropriata la richiesta. **(Le donne tendono ad innamorarsi lentamente, solitamente impiegando 7 o più settimane di frequentazione romantica,** prima di aprire completamente il proprio cuore e quindi portare il discorso sull'argomento e sulle etichette dell'esclusività con l'uomo).

"Fjodar, non sono interessata. Mi dispiace molto." - risponde Yana.

Al sentire ciò, Fjodar inizia ad agitarsi e discutere con lei: *"Cosa? Cosa vuoi dire con questo?! Ti ho persino dato un regalo!"*.

Yana inizia a sentirsi ancora più imbarazzata e risponde: *"Fjodar apprezzo molto il regalo, ma non ho intenzione di frequentarti romanticamente"*.

Fjodar: *"Perché non vuoi frequentarmi romanticamente? Dopo tutto quello che ho fatto per te? Ti amo Yana"*.

Yana: *"Mi dispiace Fjodar, ma ti considero solo un amico"*.

(Essendo le donne tendenzialmente guidate dalle emozioni, Yana ha usato un giro di parole perché non voleva ferire Fjodar, sperando che Fjodar comprendesse il messaggio e la lasciasse in pace. Ma Fjodar ha peggiorato la situazione, agitandosi ed iniziando a discutere logicamente con lei. Regola numero uno: mai discutere con una donna. Le donne o vogliono essere aperte emotivamente o essere messe al loro posto se si comportano in maniera irrispettosa così da percepire la forza mascolina dell'uomo).

Dopo aver sentito questo, Fjodar le dice: *"Capisco, buona serata e ti auguro tutto il meglio"*.

Quindi Yana contraccambia gli auguri, dopodiché Fjodar se ne va via con il cuore spezzato.

(La maniera migliore per trasformare un amico/a in un partner romantico è di verificare se l'amico/a prova almeno un livello minimo di attrazione in primo luogo. La maniera più rapida e veloce per fare questo è di rendere evidente all'altra persona che ti piace, quindi osservare la reazione. Se non succede nulla, allora smetti di cercare l'amico/a di prima iniziativa, facendo fare all'altra persona il 100% dello sforzo nella comunicazione e pareggiando l'esatto livello di sforzo che l'altra persona mostra.

A questo punto se l'amico/a ha almeno un minimo di interesse romantico, allora percepirà il tuo allontanamento e porterà il discorso sul fatto che sei più freddo/a e distante. In questo caso, l'amico/a ha almeno un livello minimo di interesse romantico e puoi invitarlo/a ad un appuntamento romantico e da quel punto in poi, l'interazione verrà trattata come un corteggiamento – seguendo il flusso della polarità sessuale.

Se invece l'amico/a non porta il discorso sul fatto che il tuo atteggiamento é più freddo e distante, allora non prova interesse romantico nei tuoi confronti per cui non è consigliabile in questo caso portare il discorso sul frequentarsi romanticamente e la vita va avanti).

Mentre Yana sta tornando a casa, passa vicino al ristorante in cui ha avuto il primo appuntamento con Igor e molti ricordi le ritornano in mente riguardo quella serata. Arrivando a casa quando apre la porta il gatto di Yana, che si chiama Pallino, viene incontro a salutarla. Pallino è un gatto dal pelo bianco con aree grigiastre e occhi verdi. Yana apre una scatoletta di cibo per gatti, dopodiché si prepara la cena.

LA CHIAMATA

Alcuni giorni sono passati dall'incontro con Fjodar. Yana ed Essenia sono fuori insieme. Yana sta pensando a Diego, che non ha ancora chiamato o scritto: è veramente un uomo misterioso!

Yana: *"Sai Essenia, Diego non ha ancora chiamato"*.

Essenia: *"Capisco. Anche Emilio non ha chiamato"*.

Yana: *"Diego... Sembra così diverso dagli altri. Mi chiedo cosa stia facendo in questo momento."*

(E' scientificamente provato che le donne sono più attratte dagli uomini i cui sentimenti sono poco chiari. Il mistero è il primo dei cavalieri della "caccia", i 4 fattori che incrementano il livello di attrazione della donna al punto di spingerla a "cacciare" l'uomo).

Nel momento in cui Yana ed Essenia stanno conversando in un'altra zona di Pietroburgo, nel centro della città, Diego sta lavorando. Diego è un imprenditore spagnolo che vive in Russia da svariati anni. Il suo business procede alla grande ed ora sta ultimando con successo un contratto.

Diego: *"Ottimo, è stato un piacere concludere questo affare. Le auguro una meravigliosa giornata, a presto"*.

Dopo aver concluso l'affare Diego prende il cellulare e compone un numero per fare una chiamata. Nel frattempo, Yana ed Essenia stanno parlando e proprio in quel momento il cellulare di

Yana inizia a suonare.

Essenia: *"Chi ti sta chiamando?"*.

Yana, sorridendo - *"Diego!!! Ora rispondo!"*.

Yana: *"Ciao!!!"*.

Diego: *"Hey, sono Diego! Come stai?"*.

Yana: *"Mi chiedevo quando mi avresti chiamato! Tutto alla grande, grazie. E tu?"*.

(La maggior parte degli uomini chiama una donna subito dopo aver avuto il numero o il giorno dopo. Questo comportamento è estremamente antiproduttivo e rivela un estremo bisogno dell'altra persona. Aspettando alcuni giorni per contattare la donna dopo aver ottenuto il suo numero – circa 4/5 giorni, quell'uomo si differenzierà immediatamente dagli altri uomini. Assumendo che la donna abbia abbastanza attrazione fin dall'inizio, grazie all'attitudine misteriosa dell'uomo ella inizierà a sperimentare una *"montagna russa emozionale"* - il secondo dei cavalieri della *"caccia"*. Questo incrementa ulteriormente l'attrazione della donna al punto che solitamente sarà quest'uomo ad ottenere l'appuntamento con lei).

Diego: *"Benissimo grazie! E' un piacere sentirti. Mi piacerebbe vederti. Quando sei libera per incontrarci?"*.

Yana: *"Nei prossimi giorni ho molto lavoro da fare, ma sono libera durante il week-end"*.

Diego: *"Ottimo, che ne dici di vederci domenica di fronte alla Cattedrale di Sant'Isacco alle 19:30?"*.

Yana: *"Ok, dove andremo?"*.

Diego: *"Questa è una sorpresa. Lo vedrai domenica"*.

Yana sorridendo disse: *"Interessante! Allora ci vediamo domenica"*.

Diego: *"Ottimo, non vedo l'ora di incontrarti domenica. Ti auguro una splendida giornata!"*.

Yana guarda Essenia - *"Sì, ho un appuntamento con Diego questa domenica"*.

Essenia: *"Eccellente!"*.

Yana: *"Festeggiamo facendo un po' di shopping?"*

Essenia: *"Ottima idea. Ti aiuterò a trovare qualcosa di incantevole per l'appuntamento!"*.

(Quando una donna è entusiasta di andare ad un appuntamento, di solito né parlerà alla sua migliore amica, che la aiuterà a prepararsi al meglio. Più ad una donna piace un uomo, più lo aiuterà e più l'appuntamento sarà divertente e si svolgerà in modo naturale).

Mentre stavano comprando, all'improvviso suona il telefono di Essenia.

Essenia, guardando Yana, disse: *"E' Emilio"*.

Essenia: *"Ciao"*.

Emilio: *"Ciao, sono Emilio. Come stai?"*.

Essenia: *"Bene grazie, e tu?"*

Emilio: *"Ottimo! Mi piacerebbe vederti, quando sei libera per incontrarci?"*.

Essenia: *"La prossima settimana"*.

Emilio: *"Ok, che ne dici di incontrarci all'uscita metro 2 di Gostiny Dvor alle 20:00?"*.

Essenia: *"Forse, per sicurezza, chiamami per la conferma lunedì mattina."*.

(Quando una donna non è entusiasta di sentire un uomo 4-5 giorni dopo avergli lasciato il numero, è un segnale che indica che l'attrazione della donna nei suoi confronti non è alta.

In questo caso una donna può creare più barriere verso un possibile appuntamento, rendendo complicato fissare un appuntamento. In particolare, in caso di bassa attrazione, una donna usa due test.

Il *"forse"* è una maniera della donna per dire *"No.. Ma se non mi esce fuori qualcosa di meglio nel frattempo perché no..."* L'altro è *"chiamami per confermare"* che è simile al test *"forse"*, eccetto che in questo caso è più increntato sul testare la forza mascolina dell'uomo e vedere la sua reazione).

Emilio: *"Ho molti impegni in agenda, Essenia. Non do' appuntamenti se l'altra persona dice "forse" o "chiamami per confermare". Se non puoi confermare per lunedì, che ne dici di fare un'altra volta?".*

Essenia: *"Ok, sarò per un'altra volta. Devo vedere la mia agenda".*

Emilio: *"Ok, allora contattami quando avrai controllato la tua disponibilità e sarai disponibile per un appuntamento fissato".*

Essenia: *"Ok, buona serata".*

Emilio: *"Grazie, altrettanto".*

(Quando un uomo chiama una donna, la quale non accetta che l'appuntamento sia fissato in maniera precisa dicendo *"forse"* o *"chiamami per confermare"*, l'uomo non dovrebbe accettare di uscire con lei con queste premesse. Questi sono segnali di bassa attrazione, il che indica un'alta possibilità che l'appuntamento sia cancellato dalla donna all'ultimo momento. L'altra persona dovrebbe essere entusiasta di uscire con te – questi appuntamenti sono molto più divertenti e naturali. Pertanto quando una donna dice *"forse"* o *"chiamami per la conferma"* l'uomo dovrebbe ritirare l'offerta dell'appuntamento dicendo qualcosa del tipo: *"Non lascio appuntamenti non fissati, ho una agenda piena di impegni. Se non ti viene bene così, allora che ne dici di fare un'altra volta?"* e dopodiché osserva la sua reazione. Se a quel punto è d'accordo con l'appuntamento fissato, allora era solo un test – in caso contrario l'uomo non dovrebbe uscire con lei).

IL PRIMO APPUNTAMENTO

Yana viene svegliata da Pallino che le lecca la faccia, è apparentemente affamato così gli prepara da mangiare. Mentre sta preparando da mangiare, inizia a pensare a cosa succederà questa sera... Oggi è il giorno del primo appuntamento con Diego.

(Un appuntamento è un'occasione romantica che porta alla seduzione. L'uomo si concentra maggiormente sui dettagli logistici e sul flusso dell'appuntamento, permettendo alla donna di rilassarsi nella sua femminilità e di parlare il 70/80% del tempo ponendole domande divertenti. L'attenzione dell'uomo si deve concentrare principalmente su 3 fasi: concordare un appuntamento fissato, quindi divertirsi con lei ed infine gradualmente sedurla quando ella è ricettiva - in media una donna di solito "*dorme*" con l'uomo dopo 2/3 appuntamenti. Pertanto è importante pianificare l'appuntamento con la mentalità di trattare la donna come un'amante – fissando preferibilmente appuntamenti di sera. E' meglio evitare all'inizio di una frequentazione romantica cinema, pranzi, appuntamenti di gruppo ed andare in posti rumorosi e con scarsa visibilità fintanto che la donna non è ufficialmente innamorata dell'uomo. In un appuntamento romantico, vuoi comunicare in modo efficace e conoscere l'altra persona meglio... Le relazioni romantiche si sviluppano come conseguenza naturale di una frequentazione romantica nel corso di più settimane. La donna solitamente porterà il discorso sull'essere innamorata, etichette e il tema dell'esclusività dalla settima settimana in su di

frequentazione, assumendo che l'uomo abbia fatto tutto correttamente).

Qualche ora dopo, Yana invia ad Essenia una foto del vestito da utilizzare quella sera - *"Cosa ne pensi, Essenia?"*.

Essenia risponde al suo messaggio: *"Questo vestito rosso è incredibile Yana, piacerà sicuramente a Diego"*.

Yana: *"Sì, mi chiedo che piani abbia in mente. Diego è molto misterioso. Vedremo quello che succederà."* (Le donne si presentano negli appuntamenti con un'attitudine del tipo *"Vediamo quello che succede"*).

Essenia: *"Buona fortuna! A presto!"*.

E' quasi l'ora dell'appuntamento: Yana si prepara e va al posto ed ora concordati. Diego la saluta e le fa i complimenti per il suo vestito: *"E' un piacere vederti! Sei incantevole Yana!"*.

(Nella fase di frequentazione, è meglio procedere con calma. E' opportuno non esagerare con i complimenti in questa fase, in quanto la donna li interpreterebbe come un'esca per il sesso piuttosto che un apprezzamento genuino. Questo è valido anche per i regali – solitamente è meglio evitare di dare regali fintanto che la donna non è completamente innamorata e/o si è insieme in una relazione esclusiva.)

Yana: *"Altrettanto, grazie! Anche tu! Cosa vuoi fare?"*.

Diego: *"Ho già pianificato dove andare. Il posto è proprio qui vicino. Andiamo"*.

(Ogni persona ha sia l'energia maschile che quella femminile. Nell'uomo l'energia predominante è quella maschile che è associata con la logica, il rompere barriere e lo scopo nella vita; mentre quella femminile è associata con l'emozione, la connessione e il prendersi cura degli altri. Il flusso dell'attrazione è regolato dalla legge della polarità sessuale, in cui uno dei due partner si comporta in modo più mascolino e l'altro in maniera più femminile – questo è usualmente raggiunto da una coppia composta da un uomo mascolino e una donna femminile. Quando una donna chiede ad un uomo *"Che cosa vuoi fare?"* sta verificando se l'uomo si comporta come un leader. Se l'uomo le chiede cosa fare, la donna richiederà di nuovo cosa vuole fare l'uomo come modo per dirgli indirettamente: *"Svegliati! Vuoi prendere una decisione?! Sei l'uomo e come tale dovresti essere tu il leader!!!"*. La migliore maniera di comportarsi con una donna è il 90% del tempo da affascinante James Bond e nel restante 10% trattarla come una sorellina impertinente prendendola in giro in maniera giocosa. L'amore dovrebbe essere divertente e giocoso).

Diego e Yana raggiungono un palazzo nelle vicinanze della piazza: *"Ho prenotato qui. E' un ottimo posto... Un ristorante italiano"*.

Yana: *"Amo la cucina italiana. Ottima idea!"* - mentre Diego le apre galantemente la porta.
Si siedono al tavolo, aprono il menu' ed ordinano.
Mentre aspettano, Diego inizia a porle delle domande personali.

Diego: *"Cosa ti piace fare nel tempo libero per divertirti?"*.

Yana: *"Amo cucinare, ascoltare musica, danzare e i gatti. Di tanto in tanto leggo qualche buon libro. Ho un gatto che si chiama Pallino. E' molto bello e dolce. Ha una personalità selvaggia ed ama girare liberamente nei dintorni. Ti mostrerò una sua foto."*

Yana gli mostra una foto del suo gatto.

Yana*: "E tu?".*

Diego: *"Amo le arti marziali, psicologia e leggere. Anche io amo i gatti. Ti mostro una foto del mio gatto, si chiama Martin".*

Diego le mostra una foto di Martin: *"Ama giocare con Leo. Leo è il gatto del mio vicino e solitamente fa visita a Martin ogni giorno alla stessa ora, dopodiché vanno a girare fuori insieme".*

Diego le mostra quindi una foto dei due gatti insieme.

Yana: *"Che bello! Interessante!".*

(La persona che pone le domande è quella che conduce la conversazione. Le 3 regole principali di una conversazione sono: 1) l'argomento principale di cui una persona ama parlare di più è di sé stesso/a e di tutto ciò che lo/la riguarda; 2) trovare dei punti in comune ed usarli per costruire un rapporto; 3) prima di fare una nuova domanda volta a raggiungere un nuovo livello alla conversazione, aggiungi valore alla stessa. L'uomo dovrebbe permetterle di parlare il 70-80% del tempo, ponendole domande divertenti ed ascoltarla con attenzione: sarà testato dalla donna per vedere se stava ascoltando – passerà il test se si ricorda di cosa stava parlando. Essendo le donne guidate dalle emozioni, ogni emozione che provano durante l'appuntamento sarà automaticamente associata alla presenza dell'uomo – ecco perché è importante mantenere il tema della conversazione divertente ed evitare temi negativi per quanto possibile. A tal proposito, in un appuntamento è buona norma evitare

di parlare degli ex - un vero gentiluomo mantiene la riservatezza su quello che succede nelle frequentazioni romantiche. Se scegli di trasgredire a questo principio, allora tieni in mente che quando parli di ex, l'altra persona ascolterà la conversazione immaginandosi che così parleresti di lui/lei se diventasse il/la tuo/a ex in futuro – pertanto in caso parla positivamente riguardo al tema).

La cameriera porta le bevande: *"Ecco qui le bibite"* e mentre la ringraziano, la cameriera inizia ad avviarsi al tavolo vicino.

Yana all'improvviso chiede a Diego: *"Cosa ne pensi di quella ragazza la'?"*.

Diego sorride e risponde a Yana: *"Di quale altra ragazza parli?"*, mantenendo lo sguardo su Yana.

Yana: *"Quella ragazza là in fondo, altro lato del ristorante"*.

Ma gli occhi di Diego sono solamente su Yana: *"Non vedo quella ragazza di cui stai parlando. La mia attenzione è pienamente rivolta a te, Yana"*.

Yana sorride felicemente mentre con le dita gioca con i propri capelli.

(Questo era un test per verificare dove era rivolta l'attenzione dell'uomo. Durante un appuntamento, un uomo non dovrebbe mai iniziare a guardare le altre donne attorno a lui – in questo modo proietta alla donna la sensazione di *"voler semplicemente fare sesso"*. L'uomo dovrebbe mantenere il centro dell'attenzione sulla donna e sul suo linguaggio del corpo. I segni dell'attrazione della donna si esprimono con vari segnali quali: giocare con i capelli, segnali fisici di sottomissione, guardare verso il basso quando l'uomo la guarda negli occhi ecc...).

La serata prosegue, mentre i due mangiano e bevono. Diego la lascia parlare la maggior parte del tempo, dando risposte divertenti e fa il misterioso quando Yana gli chiede qualcosa.
(Le donne amano raccogliere informazioni e lavorare attivamente per conoscere meglio e conquistare l'uomo).

All'improvviso Yana chiede a Diego quale tè preferisce: *"Mi piace il tè verde. E' più salutare e dolce. E tu, Yana?"*.

Yana: *"Io invece preferisco il tè nero. Lo trovo migliore rispetto al tè verde"*.

Diego: *"Ad ognuno il suo"*.

(Le donne quando chiedono un'opinione all'uomo provano a vedere se riescono a fargliela cambiare. Se l'uomo cambia la propria opinione in modo da combaciare con la sua, allora vuol dire che sta cercando l'approvazione della donna, dimostrando di non avere spina dorsale ed in questo caso, la donna perderà rispetto ed attrazione nei suoi confronti e cercherà un altro uomo... La ricerca dell'approvazione è un tratto femminile. Se invece l'uomo si fa valere come visto sopra, passa il test. La donna testa sempre l'uomo quando prova attrazione, sia a livello subconscio che conscio, per verificare se l'uomo è pienamente centrato nella sua mascolinità).

Mentre Diego e Yana stanno parlando, in un tavolo vicino – altre due persone avevano scelto quel ristorante come luogo del proprio appuntamento e guardando attentamente, è ovvio che la donna è una *"cercatrice d'oro"*. Inizia a porre all'uomo moltissime domande materialistiche: a quanto ammonta il suo salario, il tipo di macchina che guida ecc... Le persone *"cercatrici d'oro"* non sono interessate all'altra persona, bensì ai soldi. Una persona veramente interessata non valuterà l'altra su base materialistica (casa, macchina, soldi ecc...), ma piuttosto su quello che porta a livello emozionale nella propria vita.

Le persone *"cercatrici d'oro"* possono essere sia donne (questo è il caso più frequente) ma anche uomini a volte e questa tipologia di persone non è adatta per frequentazioni e relazioni romantiche genuine.

(Se una persona inizia immediatamente a porre svariate domande materialistiche e/o chiede subito dei regali costosi, è una bandiera rossa riguardante la *"ricerca d'oro"*. In questo caso, il miglior approccio è di evitare di rispondere a queste domande, usando battute e un tono giocoso... E se la persona *"cercatrice d'oro"* chiede regali costosi allora dirle/dirgli: *"Non complicare le cose. Non ti comprerò quel regalo costoso. Incontriamoci, divertiamoci e vediamo quello che succede"*. Se le bandiere rosse continuano allora dovresti seriamente considerare di scappare via a gambe levate alla velocità di Usain Bolt e non girarti indietro, preferibilmente prima di formare un legame emotivo. Se formi un legame emotivo sarà molto più complicato allontanarsi dalla persona *"cercatrice d'oro"*. Tirando le somme – dipende dalle tue intenzioni al riguardo. Le persone *"cercatrici d'oro"* sono persone superficiali, il che significa che possono essere ottimi candidati per trombamicizia e relazioni aperte - a patto di sentirti a tuo agio con la loro mentalità transattiva. Ma le persone *"cercatrici d'oro"* non sono adatte per una frequentazione e relazione autentica, in quanto il loro *"amore"* non è un sentimento genuino di affetto verso l'altro/a, bensì loro stesse vedono *"l'amore"* come una forma di transazione per ottenere soldi e regali. Nel momento in cui le cose si complicano e/o c'è una crisi finanziaria, invece di superarla insieme come una coppia, la persona *"cercatrice d'oro"* si dileguerà subito verso un nuovo *"fornitore"* come se nulla fosse mai accaduto. Ricordati sempre che il miglior regalo che puoi dare a un'altra persona è il dono della tua presenza! Se il tuo obiettivo è sul lungo termine di entrare in una autentica relazione romantica con il potenziale partner, allora valuta con attenzione l'altra persona basandoti sulle sue azioni ed appena noti dei chiari segnali di *"ricerca d'oro"*, scappa via a gambe levate alla velocità di Usain Bolt e non girarti indietro).

Ritornando a Yana e Diego, è chiaro che Yana è genuinamente interessata a lui. Non ha iniziato a fare domande materialistiche dal primo minuto e si stanno divertendo molto conversando.

Sorridono molto ed è evidente che godono della reciproca compagnia. Yana inizia per prima a toccare la mano di Diego. Diego replica il tocco fintanto che Yana lo mantiene, dopodiché lo ritira ed attende l'invito successivo per toccarla nuovamente.

(E' appropriato toccare la donna quando fa un invito per essere toccata, per esempio collidendo contro di lui od iniziando consciamente a toccarlo, a quel punto occorre contraccambiare finché la stessa lo mantiene. L'uomo dovrebbe iniziare di nuovo a toccarla solo quando la donna invia il prossimo segnale per toccarla nuovamente. E' un test subdolo per verificare se l'uomo la *"caccia"* di più rispetto a quanto lei cacci lui. Se l'uomo è impaziente e la *"caccia"* di più rispetto a lei, l'attrazione della donna inizierà gradualmente a scendere. E' sempre meglio che la donna pensi che la sua voglia di *"cacciare"* sia più alta rispetto a quella dell'uomo oppure la sua attrazione gradualmente diminuirà).

Finita la cena, Diego dice: *"Offro io"* e chiama la cameriera. Guardando Yana, è evidente che voleva continuare la conversazione. Arrivato il conto, Diego paga e quindi dà una mancia alla cameriera.

(Questo è un buon test per verificare se la donna è entusiasta riguardo a come sta procedendo l'appuntamento o no. Se quando l'uomo chiede il conto è evidente che la donna vuole ancora parlare, questo è un ottimo segnale. Se invece è annoiata, allora non sta gradendo molto l'appuntamento. E' buona norma di cortesia per l'uomo offrire durante il primo appuntamento ed è importante trattare bene il personale del luogo/luoghi in cui si effettua il primo appuntamento. Se una persona è gentile con te, ma si comporta in maniera maleducata con il personale dei luoghi scelti per l'appuntamento ed estranei – è una grossa bandiera rossa.

L'uomo non dovrebbe mai portare una donna a un primo appuntamento stravagante e molto costoso – in questa maniera c'è il rischio che la donna diventi viziata ed inoltre la stessa non è ancora ufficialmente la sua donna od innamorata pienamente di lui.

Dopo il primo appuntamento, sulla questione *"offrire"* - questo dipende molto dalla cultura del paese ma è importante tenere in mente che sul lungo termine ci dovrebbe essere uno sforzo reciproco).

Diego apre la porta per Yana, ed escono. Yana non

riuscendo più a trattenersi, afferra Diego e lo bacia.

(Una donna con un alto livello di attrazione renderà tutto più semplice ed in caso di personalità diretta bacerà persino l'uomo di prima iniziativa. Solitamente è l'uomo che dovrebbe fare la prima mossa quando lei è ricettiva ed aperta al bacio. Un'ottima maniera per determinare la ricettività della stessa per il bacio è osservarla. La stessa è pronta quando inizia il tocco avvicinandosi e si può notare una delle due seguenti situazioni: 1) Guardandola negli occhi, poi sulle labbra e di nuovo negli occhi nel giro di 7+ secondi. Se in questo intervallo di tempo la donna guarda le labbra dell'uomo vuol dire che sta pensando di baciarlo – quindi è pronta per il bacio e l'uomo dovrebbe procedere a baciarla in quel momento. 2) La donna guarda le labbra dell'uomo – questo le causa una reazione emotiva e guarderà verso il basso (uso del canale emotivo) quindi il suo sguardo cambierà direzione per evitare di essere notata – dopodiché riprenderà questa *"triangolazione"*. In questo caso, l'uomo può dire qualcosa del tipo: *"Va bene"*. Lei chiederà che cosa va bene e l'uomo può dire: *"Anche io ti voglio baciare. Ora vieni, porta qui quelle magnifiche labbra e baciami..."*.

Esiste anche un'altra ottima maniera. Quando una donna chiede *"Hai la fidanzata?"* o simile – è un segnale di alto interesse. A questa domanda l'uomo può rispondere in maniera giocosa: *"C'è sempre spazio per una donna in più. Perché me lo chiedi, ti stai candidando per la posizione? C'è un requisito per questo."* quindi seguire con *"Devi baciare bene. Sei brava in questo? Dimostramelo"*. Se alla donna piace l'uomo e non è una donna rigida con molte regole auto-imposte riguardanti le frequentazioni, allora bacerà l'uomo in risposta a questa richiesta. Parlando di baci, è solitamente meglio procedere con il bacio al primo appuntamento, idealmente appena la donna invia il segnale che è pronta al bacio oppure a fine serata se non sono stati inviati segnali chiari da parte della donna. In ogni caso, è solitamente opportuno non aspettare 3+ appuntamenti per una mossa fisica, perché se l'uomo attende troppo per fare una mossa una donna *"non rigida"* assumerà che l'uomo non è interessato a lei e/o che non ha il coraggio di baciarla – ed in questo caso la donna proporrà di essere solo amici o sparirà).

Diego prova a scalare fisicamente, ma nota che Yana non è pronta a pomiciare con passione. Pertanto Diego sorride ed accompagna Yana alla metro più vicina per assicurarsi che la raggiunga in maniera sicura per tornare a casa. Diego: *"E' stato divertente Yana. Grazie per la magnifica serata"*.

Yana: *"Altrettanto Diego, è stata una serata incredibile"*. Si baciano ancora e quindi si danno la buonanotte.

(Alla fine dell'appuntamento, anche se è tutto andato benissimo – è solitamente meglio non parlare di quando ci sarà il prossimo, salvo nel caso di una frequentazione a lunga distanza in cui si ha a disposizione tempo limitato per vedersi ed in questo caso specifico è consigliabile mettersi d'accordo sull'appuntamento successivo al termine di quello attuale. Nei casi normali è meglio non pianificare la prossima uscita alla fine dell'attuale in quanto questo uccide il mistero e per lo stesso identico motivo è meglio evitare di mandare un messaggio alla donna subito dopo l'incontro per dirle quanto è stato bello l'incontro. In media una donna *"dorme"* con un uomo dopo 2-3 appuntamenti. Per accelerare il processo di seduzione, l'uomo può pianificare l'uscita affinché si svolga in 2-3 luoghi diversi così che ogni luogo sembri essere un appuntamento aggiuntivo, assicurandosi nell'ultimo luogo di fare una mossa fisica e quindi valutare se è opportuno suggerirle di andare ad appartarsi in un luogo più privato oppure se non è ancora pronta ed attendere una altra occasione).

IL SECONDO APPUNTAMENTO

Il giorno successivo Essenia chiama Yana per chiederle come è andato l'appuntamento.

Yana risponde: *"E' stato un appuntamento fantastico. Diego è un vero gentiluomo."*

Essenia: *"Sono contenta per te!"*.

Yana: *"Che ne dici di vederci stasera? Ti mostrerò il libro che Fjodar mi ha dato tempo fa. Ho iniziato a leggerlo, è interessante!"*.

Essenia: *"Con piacere, così mi racconti dell'appuntamento meglio di persona. Quando e dove?"*.

Yana: *"Da me, alle 19?"*.

Essenia: *"Ok, ci vediamo presto"*.

Poco dopo la chiamata, sul cellulare di Yana arrivano svariati messaggi uno dopo l'altro.

Yana: *"Chi mi sta scrivendo con tale impeto?"*.

Yana apre lo schermo del telefono e questi messaggi sono inviati dalla stessa persona: Fjodar.

Yana: *"Cosa vuole ora Fjodar? Vediamo che cosa mi ha scritto..."*. Apre i messaggi e nota che Fjodar scrive che sente la sua mancanza e la implora di diventare la sua ragazza. Yana non gradisce particolarmente il messaggio, specialmente dopo essere stata molto chiara di persona sulla vicenda.

(Il supplicare è una posizione di negoziazione debole che denota la mancanza di rispetto verso l'altra persona. E senza rispetto, non c'è amore. Inoltre la richiesta era di nuovo inappropriata come esaminato prima. E' importante ricordare che *"la posizione più forte nella negoziazione è sempre in grado di allontanarsi e non girarsi indietro."*

come affermato da Michael Yon).

Yana gli risponde: *"Fjodar... Abbiamo già parlato al riguardo di persona su questo e sono stata molto chiara. Non c'è bisogno di aggiungere altro. Ti auguro una buona serata."*.

Trenta minuti dopo questo messaggio : *"Sono un amico di Fjodar. Lui è ubriaco e l'ho portato a casa. Scusa per il disturbo. Buona serata anche a te"*.

Yana: *"Capisco. Spero che Fjodar si riprenda presto, ma questo non cambia quello che ho detto. Per favore conserva questo messaggio sul suo telefono così lo può leggere in seguito. Ti auguro una buona serata"*.

(Quando una persona è ubriaca, le sue capacità di decisione sono influenzate dall'ubriachezza. L'ubriachezza rimuove ogni tipo di inibizione auto-imposta, annebbia il giudizio dell'individuo e può portare la persona a fare scelte avventate ed agire in maniera impulsiva).

Qualche ora dopo, arriva Essenia. Yana l'accoglie, quindi le mostra i messaggi di Fjodar. Ridono qualche minuto sull'accaduto, quindi Yana mostra ad Essenia il libro.

Yana: *"Ho iniziato a leggerlo, è molto interessante"*.

Essenia legge le prime pagine: *"Hai ragione. Dove l'ha ordinato Fjodar? Vorrei comprarne una copia"*.

Yana: *"Ti darò tutti i dettagli ora"*.

Yana dà ad Essenia un foglio con il titolo e i dettagli per l'acquisto online.

Dopo aver letto qualche pagina del libro ed aver

messo da parte i dettagli per l'acquisto, Essenia e Yana cominciano a parlare di qualcos'altro mentre Yana cucina dei pelmeni **(ndr: tipo di ravioli ripieni con carne)** e quindi cenano.

Quattro giorni dopo, Diego chiama ancora Yana per fissare un appuntamento definito per la settimana successiva.

Yana non vede l'ora di incontrare Diego di nuovo e si mettono d'accordo sui dettagli, quindi si augurano una splendida giornata.

(Solitamente l'uomo all'inizio della frequentazione deve fare uno sforzo minimo, contattando la donna una volta alla settimana per pianificare un nuovo appuntamento fintanto che la stessa non si senta sufficientemente a suo agio per iniziare a contattarlo per prima nell'arco della settimana. Quando l'attrazione della donna è sufficientemente alta (questo accade solitamente dopo qualche appuntamento), la donna inizierà a contattare l'uomo per prima nell'arco di una settimana – incrementando la frequenza di contatto in pari grado con l'aumento della propria attrazione. A questo punto l'uomo può fare marcia indietro ed attendere di sentirla: quando la donna si mette "*in orbita*" contattandolo, bisogna esprimere che è un piacere sentirla e pianificare un nuovo appuntamento chiedendole quando è libera. Se la donna si lamenta del fatto che l'uomo non scrive più per primo nonostante il fatto che la donna continua a "cacciarlo" allora l'uomo può iniziare di nuovo a contattarla per primo una volta alla settimana. Tuttavia dopo che la donna ha iniziato la "caccia", è importante che l'uomo non inizi a contattarla per primo più del 20-30% del tempo, altrimenti

l'attrazione della donna lentamente calerà.
Esamineremo meglio il meccanismo della *"caccia"* in
seguito).

I giorni passano ed è tempo del secondo
appuntamento per Diego e Yana. Si incontrano nel
luogo concordato – il "Potsuelev most" (il *"ponte
dei baci"*) e si salutano affettuosamente.
*(Il ponte dei baci è uno dei luoghi più romantici
dell'intera città di San Pietroburgo. Qui spesso le coppie
vengono e lasciano dei lucchetti con le loro iniziali come
simbolo della loro relazione romantica. Da qui c'è una
vista incantevole sul fiume Moyka ed è possibile vedere
l'università GUAP – è il grande edificio giallo in via
Balshaja Marskaja vicino al fiume).*

Per iniziare vanno a bere qualcosa. Diego come al
solito permette a Yana di parlare il 70-80% del
tempo – come già fatto nel primo appuntamento.
Yana: *"Mi sto divertendo molto in tua compagnia".*
Diego: *"Anch'io".*
(Essendo le donne solitamente guidate dalle emozioni,
correlano inconsciamente le emozioni percepite alla
presenza stessa di quell'uomo.
Un appuntamento è supposto essere un'occasione per
divertirsi e passare del tempo insieme, non per essere il
terapista dell'altra persona).

Dopo aver bevuto qualcosa, all'uscita del locale
iniziano a pomiciare e dopo vanno a fare una
passeggiata, nella quale Yana inizia a prendere
Diego per mano - intrecciando le dita con le sue.

(Quando un appuntamento si svolge su posti diversi,
ogni posto da' l'impressione alla donna di un
appuntamento aggiuntivo. Questo solitamente
velocizza il processo di seduzione. Prendere l'altra

persona per mano intrecciando le dita è un linguaggio del corpo indicante un forte desiderio sessuale verso l'altra persona).

I due godono della vista romantica ed iniziano a pomiciare con più passione.

Diego, in un momento di pausa: *"Yana, che ne dici se prendiamo una bottiglia di vino ed andiamo a berla insieme a casa mia?"*.

Yana: *"Non mi sento ancora pronta"*.

Diego mantiene la calma e le dice: *"Ok, allora continuiamo il nostro giro"*.

(Baciare porta al pomiciare, il pomiciare al petting e ad effusioni più passionali. Questo a sua volta porta all'invito di appartarsi in un luogo più privato, solitamente viene dall'uomo. Se l'uomo invita la donna ad appartarsi, ma la donna non si sente ancora pronta e rifiuta, l'uomo dovrebbe mantenere la calma ed aspettare almeno un'altra ora quando la situazione diventa di nuovo più passionale per provarci nuovamente. Se l'uomo invece inizia a comportarsi in maniera irascibile quando l'offerta viene rifiutata, allora si scava la fossa da solo in quanto con le donne è necessario avere pazienza infinita. Solitamente al secondo tentativo dopo un'oretta circa, quando la situazione è di nuovo passionale, la donna si è scaldata e dirà sì all'invito dell'uomo ad appartarsi).

Dunque vanno e si siedono in un parco, dove parlano un po' e quindi riprendono a fare petting passionale. Passata circa un'ora dal primo invito di Diego, questa volta è Yana a suggerirgli di andare da lei: *"Diego, ti piacerebbe venire da me per una tazza di tè?"*

Diego: *"Certo, con piacere. Andiamo"*.

(Quando una donna è pronta e si è scaldata, a volte può prendere lei stessa l'iniziativa di invitare l'uomo ad appartarsi. Questo succede specialmente nel caso che la donna provi un'alta attrazione ed abbia una personalità diretta).

Diego e Yana arrivano alla casa di lei.

Appena entrano, Pallino si precipita a salutarla e dopodiché va a vedere ed annusare curiosamente chi è l'ospite.

Diego: *"Ciao Pallino!"*.

Pallino vuole essere accarezzato da Diego e così lui lo accarezza - *"Che gatto affettuoso!"* commenta Diego.

Yana: *"Solitamente è diffidente verso chi non conosce. E' fantastico che gli sei immediatamente piaciuto. Questo detto, fai come se fossi a casa tua"*.

Diego: *"Grazie"*.

Yana: *"Ora preparerò del tè verde per te e del tè nero per me. Siediti pure, ti mostrerò dopo il resto della casa"*.

Bevono, si siedono e dopodiché Yana gli mostra la casa. Quindi si siedono in maniera confortevole sul letto a parlare. Poco dopo, si baciano con passione. Dopo qualche minuto, Yana inizia a trattenersi così Diego si ferma e iniziano di nuovo a parlare. Passato qualche minuto, riprendono a baciarsi con ancora più passione e Diego gioca con i capelli di Yana. Dopodiché Yana sente di nuovo l'esigenza di trattenersi, così che Diego indietreggia nuovamente e si mettono di nuovo parlare.

Quindi passato qualche altro minuto, si ribaciano di

nuovo e Diego le massaggia gentilmente il collo mentre si baciano.

(Questa è la mentalità da *"due passi avanti ed uno indietro"*. L'uomo lentamente spinge la situazione in avanti con un'attitudine del tipo *"prendere o lasciare"* non fissandosi sul risultato del sesso e permettendo alla donna di scaldarsi gradualmente e di creare anticipazione. Quando l'uomo sente resistenza da parte della donna, è un segnale di indietreggiare un po' ed attendere qualche minuto per riprendere il processo di seduzione, rompendo le barriere della donna passo passo).

Diego e Yana continuano in questo modo ed ogni volta un vestito vola per terra.

Yana: *"Solitamente non faccio questo già al secondo appuntamento"*.

Diego in maniera giocosa dice: *"E' scritto nel tuo libro delle regole? E' meglio che lo butti via, perché con me non si applica. So che mi vuoi, quindi porta quelle magnifiche labbra qui e baciami appassionatamente"*.

Yana sorride e lo bacia con ancora più passione.

(Bisogna sempre osservare quello che fa una donna e le sue emozioni nell'attimo presente: questa è la chiave per capire le donne. In questo caso, frasi del tipo: *"Solitamente non faccio questo così veloce"* etc.. sono di solito una difesa automatica *"anti-baldracca"*, visto che molte donne inconsciamente hanno paura di essere etichettate dalle altre persone come *"baldracche"* quando fanno sesso con un nuovo uomo.

Ma osservando la situazione sopra, la donna sta chiaramente godendo del momento e diventando sempre più passionale con l'uomo – in questo caso le sue parole possono essere tradotte sulla linea di un *"Sono aperta a fare sesso con te, ma non voglio avere responsabilità in questo"* .. La *"colpa"* del sesso dovrebbe essere usualmente dell'uomo).

Finalmente sono così eccitati che tutti i vestiti di lei sono a terra, quindi anche Diego si spoglia completamente e fanno sesso.

(Nel momento in cui una donna è completamente a suo agio ed emozionalmente aperta, l'uomo rompe le sue barriere in quanto la donna si sente sicura nel fare sesso con lui. Non è una coincidenza che molte donne dicano *"...è semplicemente successo"* quando parlano tra loro riguardo queste situazioni. L'energia maschile è correlata alla logica, allo scopo, alla leadership ed alla rottura delle barriere, mentre quella femminile è correlata alle emozioni, alle connessioni ed aprirsi per ricevere l'amore. L'uomo penetra la donna in ogni modo (mentalmente, fisicamente, emozionalmente e spiritualmente) mentre la donna si apre a lui in maniera direttamente correlata all'attrazione che prova per lui e alla propria ricettività. Durante i preliminari, quando l'uomo fa sesso orale alla donna – lui dovrebbe attendere un po' prima di penetrarla in quanto questo farà impazzire la stessa dal piacere. Quando una donna dice: *"Voglio che tu venga ora"* normalmente è relato a due possibilità.

Nel primo caso è un test subdolo per sentire la forza dell'uomo. In questo caso, se l'uomo attende almeno qualche minuto prima di venire per lei – l'anticipazione aumenterà sempre di più al punto che la donna stessa può venire più volte di seguito prima che l'uomo venga alle proprie condizioni per lei. Questo test ha lo scopo di far sentire la donna

completamente a suo agio, in quanto sente che l'uomo
può averla totalmente come vuole e lei sarà al sicuro e
protetta da lui.

Il secondo caso invece è quando l'uomo fa qualche
mossa sbagliata e la donna non è pienamente
soddisfatta della prestazione. Quando questo accade,
la donna diventerà distratta durante l'atto sessuale,
cercherà di guidare l'uomo in un'altra direzione o
cercherà di farlo venire il prima possibile non
sentendosi soddisfatta dalla prestazione dell'uomo. In
questo caso, è una buona idea chiedere alla donna
domande importanti quali come le piace essere
soddisfatta sessualmente – in quanto ogni donna ha i
suoi propri gusti sessuali e procedere in conformità
con l'opinione ricevuta).

Dopo una notte di passione, i due si svegliano di
mattina con Pallino che chiede il cibo mentre Diego
la stringe forte ed Yana è rilassata tra le sue braccia.

(Stringere forte l'altra persona è un tratto
mascolino, rilassarsi tra le braccia dell'altra persona è
un tratto femminile).

Fanno quindi colazione, quindi Diego si veste per
andare a un incontro di lavoro. Si salutano con un
bacio e si augurano a vicenda una meravigliosa
giornata.

LA "CACCIA"

Il giorno successivo Yana ed Essenia si incontrano.
"Diego è incredibile, abbiamo avuto una serata magnifica." dice Yana ad Essenia.
"Avete fatto l'amore?" chiese con curiosità Essenia con un sorrisetto sul viso.
"Sì, è semplicemente successo... Non solo è un vero gentiluomo, ma anche un ottimo amante." - le risponde Yana.
"Ottimo, sono contenta per te!" le dice Essenia.
(Una donna ha 3 grandi conflitti nella sua mente.

Il primo è il *"conflitto del tempo"*: una donna può scegliere di investire il tempo per plasmare l'uomo scelto nel suo uomo ideale, oppure testa quanti più uomini possibili nella ricerca del partner ideale.

Il secondo è il *"conflitto del sesso"*: una donna può essere più pudica e quindi richiede maggior tempo per il processo di seduzione, oppure non dà un'elevata importanza al sesso e di riflesso il processo di seduzione sarà più rapido.

Il terzo è il *"conflitto delle relazioni"*: una donna può avere una visione più idealistica delle relazioni vedendosi per esempio come una principessa del mondo Disney ecc... oppure concentrarsi di più sui lati realistici delle relazioni.

La combinazione dei 3 fattori influenzerà il comportamento della donna e di riflesso il flusso e le tempistiche di come si sviluppa la sua frequentazione con l'uomo).

Yana sta pensando sempre di più all'appuntamento precedente con Diego.
Tre giorni dopo l'appuntamento, Yana decide di scrivergli: *"L'appuntamento è stato meraviglioso,*

Diego. Non vedo l'ora di rincontrarti".

Poco dopo Diego le risponde: *"E' un piacere sentirti Yana! Sì, è stato incantevole e mi piacerebbe rivederti nuovamente. Quando sei libera per incontrarci?".*

Gli occhi di Yana si illuminano al suo messaggio: *"La prossima settimana ho molto tempo libero".*

Diego risponde: *"Ottimo, la prossima settimana c'è un interessante festival culturale di sera. Ti invio una foto con i dettagli, vediamoci direttamente di fronte all'ingresso 10 minuti prima dell'inizio del festival -* *** foto inviata *** *- "Che ne dici?".*

Yana: *"Perfetto! A presto, non vedo l'ora!".*

Diego: *"Altrettanto, non vedo l'ora di rincontrarti. Ti auguro una splendida giornata!".*

Yana: *"Grazie, anche a te!".*

(Quando l'attrazione della donna è sufficientemente alta, inizierà a contattarlo in meno di una settimana. Questa si chiama *"caccia dell'attenzione"* ed è un tratto femminile. I quattro cavalieri della caccia sono: 1) mistero, 2) montagna russa emozionale, 3) investimento, 4) anticipazione.

Il mistero fa sì che la donna si interroghi riguardo all'uomo ed è scientificamente provato che le donne sono più attratte dagli uomini i cui sentimenti sono poco chiari. Più la donna pensa e si interroga riguardo all'uomo quando lui è assente, maggiormente cresce la sua attrazione. Quando questo accade, la donna proverà la sensazione di essere su una montagna russa a livello emozionale.

Questo porta al secondo fattore: la *"montagna russa emozionale"*. Essendo le donne solitamente guidate

dalle emozioni, maggiore è la sensazione di montagna russa emozionale e più la donna diventa dipendente dalla stessa. In pratica la donna vuole essere la protagonista della propria soap opera personale.

Di riflesso questo porta all'investimento. La donna investirà più e più tempo nella frequentazione, iniziando di sua iniziativa il contatto in meno di una settimana: questo solitamente accade dopo qualche appuntamento con l'uomo. In rari casi la donna avrà un alto livello di interesse dall'inizio ed in questo caso sarà la donna stessa ad invitarlo ad uscire ed a "*cacciarlo*" dall'inizio – quando questo accade, la frequentazione è quanto più semplice possibile per l'uomo.

Il fattore finale è l'anticipazione. Più la donna si chiede cosa succederà, maggiore la sua attrazione e il suo sforzo nella "*caccia*" dell'uomo sale e così il ciclo si ripete continuamente come un serpente che si morde la coda...).

Qualche minuto dopo, suona il cellulare di Yana: suo padre Vladimir la sta chiamando.

Yana: "*Ciao papà!*".

Vladimir: "*Ciao tesoro! Come stai?*".

Yana: "*Alla grande, grazie! E tu?*".

Vladimir: "*Benissimo, grazie! Ti ricordi del favore che mi avevi chiesto la scorsa settimana? Ti ho preparato tutto, sentiti libera di ritirare il materiale richiesto quando vuoi*".

Yana: "*Meraviglioso! Grazie papà, mi hai salvato la vita. Posso passare ora da te? Mi servirebbe domani a lavoro*".

Vladimir: "*Sì, certo. A tra poco tesoro*".

Yana: *"A tra poco!"*.

Mentre Yana si sta recando a casa dei suoi genitori, nota una bambina che sta piangendo e che suo padre la tranquillizza, così subito dopo la bambina ritorna a sorridere.

(Le donne sono portate naturalmente fin dall'infanzia a fare riferimento ed inseguire una presenza mascolina principale. Quando la donna era una bambina, questa figura era il padre. Quando la donna diventa adulta, la presenza mascolina principale sarà l'uomo che ama. Ogni persona ha sia energia maschile che femminile. Quella maschile è correlata con la logica, lo scopo nella vita e la rottura delle barriere. Quella femminile è correlata all'emozione, alla connessione ed all'apertura per ricevere amore. Ogni persona dovrebbe imparare ad utilizzare entrambe le energie a seconda della necessità, ma in particolare padroneggiando quella predominante.

Possiamo immaginare l'energia maschile come una montagna e quella femminile come il vento. Indipendentemente da quello che fa il vento, la montagna rimane salda senza neanche un graffio. E se il vento è temporaneamente assente, la montagna non inizia ad alzarsi e cercare il vento: ergo la *"caccia"* dell'attenzione è un tratto femminile.

Gli uomini intelligenti sanno questo e pertanto fanno solo uno sforzo iniziale di un contatto alla settimana per pianificare un appuntamento fintanto che l'attrazione della donna non è abbastanza alta affinché la donna stessa lo *"cacci"* attivamente, contattandolo nell'arco di meno di una settimana.

Quando la donna inizia a cacciare, l'uomo dovrebbe a questo punto indietreggiare ed attendere di sentirla, quindi apprezzare il messaggio e pianificare il seguente appuntamento da fissare. Maggiore è l'attrazione che prova, più *"caccerà"* l'attenzione dell'uomo ed è interessante notare che quando la donna *"caccia"* l'attenzione dell'uomo non può lasciarlo. Se la donna *"caccia"* l'attenzione dell'uomo e nonostante questo si lamenta insistentemente del fatto che l'uomo non scrive più per primo, allora l'uomo può iniziare il contatto una volta alla settimana. L'uomo è il leader e la montagna nella frequentazione e nelle relazioni, permettendo alla donna la possibilità di rilassarsi completamente nella sua femminilità. La polarità sessuale naturale nelle frequentazioni e nelle relazioni è formata da uomo mascolino e donna femminile. Nel 10% o meno delle coppie, possiamo notare un'inversione dei ruoli – in questo caso la polarità è formata da una donna mascolina e da un uomo femminile, che è una tipologia di polarità fortemente supportata dal femminismo e raffigurata nei media televisivi ecc... Ma non è la polarità naturale ed il fatto di tentare di generalizzarla e di forzarla sul 90% delle coppie che seguono la polarità naturale porta solo alla miseria e alla depolarizzazione sessuale – sfociando nella perdita di attrazione e passione sul lungo termine).

Yana arriva a casa dei suoi genitori, quindi saluta suo padre Vladimir e sua madre Liubov. Parla un po' con loro, quindi ritira il materiale e dopodiché li saluta per incontrarsi con una vecchia conoscente. Il suo nome è Irina, che ha casualmente incontrato alcune settimane fa dopo anni che si erano perse di vista – così Yana decise di invitarla a bere qualcosa e parlare un po'. Mentre stanno parlando, il cellulare di Irina si mette a suonare.

Irina: *"Scusami Yana, devo rispondere. Aspetta un minuto"*.

Irina risponde e Yana sente una voce maschile urlare in maniera bisognosa e furibonda: *"Sei sparita all'improvviso, ti ho mandato tanti messaggi dolci nei giorni precedenti – li hai letti e non mi hai neppure risposto con un ciao. Perché?!? Che cosa sta succedendo?!?"*.

Irina: *"Mi dispiace Bob. Non sei tu, sono io... Sento fortemente il bisogno di scrivere una nuova pagina della mia vita. Non sono più interessata a frequentarti, per cui ti auguro tutto il meglio."* - dopodiché Irina gli chiude il telefono in faccia.

Irina spiega a Yana che Bob l'aveva chiamata, spiegando che si erano frequentati per qualche settimana, ma ultimamente Bob aveva cominciato a comportarsi in maniera super bisognosa e si era stufata della situazione.

(Quest'uomo è caduto nella trappola della *"illusione d'azione"*. Non ha compreso che un'azione è semplicemente un mezzo per ottenere un fine, pertanto quando si fa qualcosa è importante tenere in mente il quadro completo della situazione e l'obiettivo desiderato. Se a quel punto l'azione è utile per ottenere il risultato desiderato allora eseguila, altrimenti no. Agire per la *"gloria dell'azione"* senza tenere in mente il quadro completo della situazione e l'obiettivo desiderato è *"illusione d'azione"*. Un esempio è quando una persona continua ad annaffiare una rosa più del necessario, sperando che questo acceleri la crescita della pianta – invece di permetterle di crescere con il suo ritmo naturale. Non solo in questo modo la pianta non cresce più velocemente, ma si ottiene l'effetto deleterio di far morire la pianta per eccessivo innaffiamento.

In questo caso l'illusione d'azione dell'uomo era motivata dal *"bisogno compulsivo di fare qualcosa per fare aumentare la sua attrazione"*. In realtà la natura si occupa già dell'attrazione, per cui non c'è bisogno di forzarne il flusso. O c'è un'attrazione reciproca o non c'è... Nel caso in cui l'attrazione è presente c'è bisogno di tempo per farla aumentare: è un processo graduale come il bruco che passo passo diventa una farfalla e se il processo viene forzato allora l'animale muore. Allo stesso modo se il processo dell'aumento graduale dell'attrazione viene forzato nella speranza di velocizzare il tutto, l'attrazione lentamente diminuisce. Quando l'uomo inizia a contattare la donna di sua iniziativa più del 20-30% delle volte dopo che la donna ha iniziato attivamente a *"cacciarlo"*, la sua attrazione verso di lui lentamente si ridurrà e la donna inizierà ad allontanare sempre di più dall'uomo. Questo accade perché la *"caccia dell'attenzione"* è un tratto femminile e quando l'uomo inizia a *"cacciare l'attenzione"* della donna sta essenzialmente assumendo il ruolo della donna nella frequentazione. Questo a suo turno forza la donna ad assumere il ruolo dell'uomo nella frequentazione nel tentativo di mantenere la polarità sessuale, tuttavia le donne solitamente non amano far prevalere la propria mascolinità e questo porta pertanto alla depolarizzazione della coppia sul lungo termine. Quando l'uomo inizia a *"cacciare l'attenzione"* della donna cadendo nell'illusione d'azione, ha una possibilità di risolvere la situazione: smettere di cercarla e permettere alla donna di contattarlo per primo. Come dice un detto popolare: *"A volte la migliore maniera per ottenere l'attenzione di un'altra persona è di rimuovere la propria"*.

Per esempio nella musica possiamo notare come ci sia dello spazio tra le singole note: senza quegli spazi non si avrebbe musica, bensì rumore. Questo detto se l'uomo non indietreggia facendosi desiderare finché la donna non si fa nuovamente viva, continuando nel processo a bombardarla di chiamate e/o messaggi, la donna eventualmente perderà tutto il rispetto e l'attrazione verso l'uomo – a quel punto è solo questione di tempo prima che la donna lo lasci, dicendo qualcosa del tipo: *"Non sei tu, sono io." (traduzione = "E' colpa tua, ma non ti voglio ferire per cui ti dico che è colpa mia"), "Ho bisogno di una pausa.","E' il momento di voltare pagina e scrivere una nuova pagina della mia vita"* ed altre linee simili di rottura del rapporto).

Mentre Yana ripensa alla conversazione tra Irina e Bob, Igor le torna in mente. Si ricorda come l'ultima conversazione si trasformò in una accesa discussione che degenerò nella rottura del rapporto.

(Non discutere mai con una donna. Le donne tendono ad essere guidate dalle emozioni, per cui in una discussione la donna tende ad accumulare sempre più carica emozionale e quindi scagliarla attorno a sé in modo sempre più esplosivo e con generalizzazioni dettate dall'astio. La donna vuole: 1) essere aperta emozionalmente o 2) essere messa al suo posto se agisce in modo irrispettoso nei confronti dell'uomo. Entrambi i test sono designati per sentire la forza mascolina dell'uomo e una volta superati la donna ritornerà a comportarsi in maniera femminile.

Il primo scenario è solitamente accompagnato dall'uso del silenzio della donna per nascondere la propria sofferenza ed è facilmente notabile quando ella dice *"Sto bene"* mentre guardandola è ovvio che sta mentendo.

In questo caso, la donna sta testando se l'uomo è interessato a lei al punto di aprirla e quindi ascoltare cosa le sta succedendo e le emozioni che sta provando in quel momento. Se l'uomo la ignora, la donna si infurierà: per esempio gli griderà di fare qualcosa come buttare via la spazzatura, ma quando l'uomo butta la spazzatura lei è ancora infuriata con lui – in sintesi non è arrabbiata per la spazzatura, bensì perché vuole essere aperta emotivamente e si sente trascurata. Per cui continuerà a comportarsi in maniera sempre più infuriata perché in realtà percepisce che l'uomo non tiene a lei e si sta comportando in maniera debole, il che la forza a far prevalere la propria mascolinità nel tentativo di equilibrare la polarità sessuale, ma lei non gradisce agire in modo mascolino. La maniera corretta per passare questo test è semplice. Quando la donna afferma *"Sto bene"* ma è evidente guardandola che sta mentendo, l'uomo deve concentrarsi nel far notare in modo chiaro che la donna in realtà non si sente bene e che vuole sapere che cosa la preoccupa. Quindi con presenza maschile, tocco e senso dell'umorismo bisogna persistere finché la donna non inizia a parlare al riguardo di cosa la fa stare male. Può essere necessario un po' di tempo, ma eventualmente farà calare le difese e inizierà a parlare liberamente. A quel punto l'uomo deve incoraggiarla a parlare e dirgli tutto quello che le passa per la testa – facendole capire che la sta ascoltando ripetendo alcuni spezzoni di quello che dice e correlandoli al suo stato emotivo attuale, permettendole così di scaricare la carica emozionale. A quel punto l'uomo può fare un breve riassunto dell'accaduto, correlando il tutto ai sentimenti della donna e se necessario scusarsi, dire qualcosa del tipo: *"Facendo questo ti sei sentita così e dicendo questo ti sei sentita in questa altra maniera...*

Avrei dovuto fare in quest'altro modo in maniera tale che ti sentissi apprezzata... Mi dispiace".

Dopo aver sentito questo, la donna si sentirà sollevata e gli dirà qualcosa del tipo: *"Grazie mille per aver parlato con me!!", "Mi sento molto meglio ora", "Ero semplicemente molto emotiva" ecc...* e sarà nuovamente rilassata nella propria femminilità.

Nel secondo caso, quando la donna si comporta in modo irrispettoso - vuole semplicemente essere messa al suo posto per sentire la forza mascolina dell'uomo. Se l'uomo non si fa rispettare, allora la donna inconsciamente si domanderà se l'uomo è abbastanza forte ed in gamba da proteggerla in caso di pericolo. Questo test ha profonde origini evolutive, in quanto gli uomini sono solitamente più forti delle donne e la donna è molto vulnerabile nel momento in cui è incinta.

L'amore si basa sul rispetto e l'unica maniera affinché la donna sia totalmente innamorata dell'uomo è che lei sia cosciente che l'uomo si faccia rispettare e se la donna continua a violare i paletti fissati allora l'uomo la lascerà senza voltarsi indietro. L'obiettivo principale nella vita dell'uomo dovrebbe essere sempre al primo posto. Questo è il motivo per cui quando un soldato va in guerra, anche se la donna lo prega in tutti i modi di non andarci - profondamente la stessa lo rispetterà di più se va in guerra, in quanto l'obiettivo del soldato è di proteggere ciò che gli sta a cuore. Concentrandosi nel proprio obiettivo, l'uomo si allinea con la propria energia maschile ed esprime un'aura di mascolinità.

Essere un alfa del proprio sesso significa padroneggiare ed essere a proprio agio nella propria energia predominante. Per l'uomo questa energia predominante è quella maschile, invece per la donna è quella femminile).

Irina e Yana iniziano a parlare di argomenti interessanti e divertenti, dopodiché Yana deve tornare a casa per dare da mangiare a Pallino e quindi si salutano.

Yana pensa sempre più spesso a Diego e gli scrive sempre di più... I due continuano a vedersi sempre più spesso.

(Maggiore è l'attrazione della donna, più inizierà a contattare l'uomo di sua iniziativa una volta che ha cominciato a *"cacciarlo"*. Nel giro di almeno 7 o più settimane, se l'uomo ha fatto tutto correttamente allora la donna entrerà nella *"fase d'amore"* - nella quale tipicamente la donna scriverà almeno una volta al giorno all'uomo. Tutto quello che fa una donna ha lo scopo di essere apprezzata e quando è innamorata, vuole l'attenzione esclusiva dell'uomo).

<u>UNA SETTIMANA DI SILENZIO</u>

Sono passate 7 settimane di frequentazione e Diego
pensa sempre più spesso a Yana.

Diego ed Emilio si vedono per un aperitivo alla
fine di un incontro lavorativo ed iniziano a parlare
di Yana ed Essenia.

Diego: *"Yana è incantevole. Ci stiamo
frequentando ed ha iniziato a scrivermi
praticamente una volta al giorno. Negli scorsi
giorni però ha iniziato a non scrivermi".*

Emilio: *"E' probabilmente solo un test per vedere
come reagisci quando non ti scrive".*

Diego: *"Sì, lo penso anch'io. Le donne amano
bluffare e testano sempre gli uomini quando
provano attrazione verso di loro. Come procede con
Essenia? L'hai più sentita?".*

Emilio: *"Tempo fa la contattai per fissare un
appuntamento ma Essenia non sembrava entusiasta
all'idea. La sua attitudine era del tipo <<forse,
vediamo>>. Pertanto ho ritirato l'offerta di uscire
con lei, dicendole di ricontattarmi quando aveva
controllato la sua agenda e da allora non ho più
avuto sue notizie."*

Diego: *"Capisco. Peggio per lei!".*

Emilio: *"Hai ragione, ben detto!".*

**(La maggior parte degli uomini non capiscono le
donne: il loro errore principale sta nel proiettare la
logica ed la propria attrazione sulle donne, dando
troppa importanza alle parole della stessa. Questi
uomini incompetenti non hanno compreso la semplice
verità che le donne tendono ad essere guidate**

dalle emozioni. Le donne sono totalmente razionali, quando capisci la base del loro modello comportamentale: il *"sistema operativo"* delle donne è incentrato su una base emozionale piuttosto che su una base logica. Pertanto per capire a pieno le donne, la chiave sta nel vedere le loro azioni, i segnali che mandano all'uomo ed il loro stato emotivo nel momento presente – dopodiché agire di conseguenza. In media su un gruppo di 100 uomini, il numero di maschi alfa si conta sulle dita di una mano. Pertanto la migliore scelta per l'uomo nelle frequentazioni e relazioni romantiche è di padroneggiare a pieno la propria mascolinità e comprendere come funziona esattamente l'attrazione, così da avere le migliori possibilità con le donne che provano attrazione verso di lui. E' facile notare il livello di attrazione di una donna osservando i segnali e come si comporta verso l'uomo: linguaggio del corpo, formulare domande personali e specialmente chiedere se ha già una fidanzata (quest'ultimo è un alto e chiaro segnale di interesse) ecc...   Quando sei un maschio alfa non hai avversari in quanto *"la rarità crea valore"* e le donne sono portate naturalmente ad inseguire e cacciare l'attenzione dell'uomo più dominante ai loro rispettivi occhi. Inoltre gli uomini incompetenti prima o poi commettono degli errori evitabili che rovinano l'attrazione della donna. Conseguentemente, come maschio alfa sviluppi una *"mentalità di abbondanza"* e sei sempre un passo avanti, sapendo esattamente cosa fare e cosa non fare in ogni momento.

 Le frequentazioni romantiche sono un gioco numerico: ad alcune persone piacerai, ad altre no. A volte persino facendo tutto correttamente, un maschio alfa può venire rifiutato ed in questo caso l'uomo vede il rifiuto come una perdita della donna e non come una perdita personale).

Passano alcuni giorni in cui Yana non scrive o chiama, ma Diego che si era accorto del suo bluff rimane a sua volta silenzioso.

(Come dice un detto popolare: "*A volte la miglior maniera di attirare l'attenzione di un'altra persona è di rimuovere la propria*").

Passati dunque 7 giorni di silenzio, Yana rompe il silenzio con un messaggio: " *Sei il mio numero uno su un milione* ".

Diego apprezza molto il messaggio e le risponde: "*Reciprocamente, Yana*" e quindi pianifica in maniera entusiasta un nuovo appuntamento con lei.

Diego si era accorto del suo bluff ed aveva passato così brillantemente il suo test della "*settimana di silenzio*".

(Quando una donna sta raggiungendo il momento per dire all'uomo "*Ti amo*", diventa gradualmente sempre più affettuosa. La "*fase dell'amore*" inizia solitamente dalla settima settimana di frequentazione in su, ma prima di arrivare pienamente al "*Ti amo*" la maggior parte delle donne fa un test per verificare se l'uomo sa che "*Devi amare una persona in modo che la persona amata si senta libera*".

Questo test consiste nel sparire per una settimana, anche se tutto va alla grande: niente chiamate, messaggi, mail, sms – assolutamente niente. Una donna esegue questo test per verificare come reagisce l'uomo.

Se l'uomo inizia a contattarla, comportandosi in maniera irascibile ed argomentativa allora egli fallisce il test e la donna inizierà gradualmente ad allontanarsi da lui.

La maggior parte degli uomini incompetenti quando

vengono sottoposti a questo test iniziano a contattarla in maniera irascibile, argomentativa e bisognosa - continuando a persistere e bombardando la donna di chiamate e/o messaggi, invece di indietreggiare e rispettare lo spazio della donna. Se continuano a comportarsi così, la donna si sentirà sempre meno a suo agio – ed è solamente una questione di tempo prima che la donna interrompa la frequentazione lasciando l'uomo con delle linee del tipo *"Non sei tu, sono io"*, *"Ho bisogno di spazio"*, *"Sento la necessità di scrivere una nuova pagina della mia vita"* o simili.

Se invece l'uomo attende una settimana, o la donna stessa si farà viva per prima oppure può chiederle con calma come sta, in questo caso l'uomo passa il test della *"settimana di silenzio"* e la donna ritornerà ad essere ancora più affettuosa nei suoi confronti).

L'ESCLUSIVITA'

Diego e Yana si incontrano per un nuovo appuntamento. Yana si presenta con un vestito e un taglio di capelli incantevole.

Diego: *"Sei incantevole Yana! Quel vestito ti dona molto"*.

Yana: *"Voglio apparire ancora più bella per te"*.

Diego: *"Grazie, lo apprezzo. Andiamo"*.

Diego quindi la porta a vedere un posto interessante.

(Quando una donna si sente pienamente rilassata nella propria femminilità seguendo la leadership dell'uomo, prenderà più cura del suo aspetto. Terrà solitamente i capelli più lunghi ed a seconda del proprio stile e preferenze si truccherà e si colorerà le unghie.

Fa questo sia per sé stessa ma anche per fare colpo sull'uomo, in quanto l'uomo l'ha aperta emozionalmente verso di lui. Una donna fa di tutto per essere notata. Quando una donna è innamorata vuole l'attenzione dell'uomo tutta per sé. Questo è il motivo per cui la donna chiama o manda messaggi all'uomo durante la giornata: lo fa per fargli notare che ci tiene a lui e che lo sta pensando. Una buona regola per l'uomo è di apprezzare la chiamata ed/od il messaggio della donna, dicendole che è molto dolce da parte sua contattarlo durante la giornata per mostrargli quanto tiene a lui e che la vedrà dopo – quando la vede, quindi darle pienamente la propria presenza ed attenzione come premio. Quando invece la coppia si depolarizza, è possibile notare che la donna smette di prendersi cura del proprio aspetto, solitamente tenendo i capelli più corti ed assumendo la posizione di leadership nella coppia, camminando con aria imbronciata davanti all'uomo. E' infuriata e delusa per la debolezza dell'uomo che ha scelto ed è possibile notare che lo stesso si senta miserevole in questa situazione. Spesso queste coppie si vestono nello stesso identico modo e guardandole con attenzione si nota come diventano sempre più freddi e distanti tra di loro.

Se la depolarizzazione continua, a quel punto è solitamente solo una questione di tempo prima che avvenga la rottura della coppia oppure la coppia resta insieme *"solamente per i figli"* ma con la passione completamente sparita. Il restare insieme *"solamente per i figli"* tuttavia rappresenta un pessimo esempio per gli stessi, in quanto durante l'infanzia essi correlano inconsciamente il concetto di relazione romantica con come vedono interagire tra di loro i genitori e quindi una volta diventati abbastanza grandi sceglieranno dei partner romantici con cui replicare lo stesso modus operandi dei genitori – e continueranno inconsciamente a fare così finché non si accorgeranno di questo fatto e romperanno il ciclo vizioso).

Yana all'improvviso chiede a Diego: *"In che direzione va questa frequentazione?"*.

Diego dice in maniera giocosa: *"Cosa intendi dire?"*.

Yana: *"Ti amo e ti voglio tutto per me"*.

Diego: *"Anche io ti amo! Quindi stai suggerendo che vuoi essere in una relazione esclusiva con me?"*.

Yana: *"Sì, sei incredibile. Voglio che tu sia il mio ragazzo"*.

Diego: *"Perfetto, sono entusiasta della tua idea"*.

E quindi Diego bacia Yana con passione.

(Quando la donna è pronta, sarà lei stessa a portare il discorso sul voler essere esclusiva con l'uomo. Questo solitamente accade dalla settima settimana di frequentazione in poi. E' meglio che sia la donna a portare le etichette di esclusività, in quanto le donne tendono ad innamorarsi lentamente. Quando tutti i segnali del *"Ti amo"* sono presenti ed è pronta, la donna dirà qualcosa di questo tipo: *"Dove procede questa frequentazione?"*, *"Ti voglio tutto per me"*, *"Quando andremo a vivere insieme?"*, *"Quando ci sposeremo?"* ecc... Quando la donna chiede qualcosa di simile, l'uomo può giocosamente chiederle: *"Cosa intendi dire?"* e la stessa confermerà che vuole essere in una relazione esclusiva con lui.

Riguardo alle paroline magiche *"Ti amo"*: è meglio permettere che sia la donna stessa a dirle per prima e a quel punto l'uomo può rispondere nello stesso modo se il sentimento è reciproco.

L'uomo non dovrebbe portare il discorso sull'esclusività od etichette di relazioni di sua iniziativa. Se l'uomo chiede di sua iniziativa alla donna di essere la sua ragazza, allora sta forzando il flusso della frequentazione e nel profondo la donna avvertirà questo tentativo di forzare la frequentazione. Persino nel caso in cui accetti l'esclusività in questo modo, la donna può facilmente diventare inaffidabile in seguito – in quanto l'idea dell'esclusività non era stata iniziata da lei in primo luogo.

Quando la donna chiede all'uomo di essere esclusivi, la richiesta può venire accolta ed in tale caso è importante ricordare che si entra in una relazione per condividere la propria completezza personale con l'altra persona, per dare e volere che l'altra persona cresca in una versione migliore di sé stessa.

Oppure l'uomo può voler mantenere la frequentazione casuale, in questo caso può rifiutare l'esclusività dicendo qualcosa del tipo: *"Dovresti tenere le tue opzioni aperte e se trovi qualcuno altro con il quale vuoi essere esclusiva, allora sfrutta quell'occasione. Nel frattempo godiamoci la compagnia reciproca e vediamo cosa succede.").*

Mentre il loro appuntamento continua, una donna che passa vicino viene approcciata da un uomo incompetente. L'uomo prima usa una linea di approccio inautentica e quindi le chiede se ha già il ragazzo. La donna l'osserva in maniera disinteressata e gli dice di andarsene via.

(Un errore comune che ho notato che molti uomini fanno consiste nel chiedere ad una donna: *"Hai il ragazzo?"*. Questo è un grave errore, perché dà l'impressione alla donna che l'uomo voglia forzarla in una relazione, senza che l'uomo la conosca ed inoltre, come spiegato sopra, solo le donne dovrebbero portare le etichette di relazione quando si sentono pronte.

In secondo luogo, la domanda stessa non è necessaria. Quando l'uomo vede una donna che trova desiderabile e vuole sapere la sua disponibilità, deve semplicemente guardarla negli occhi e sorriderle – quindi vedere la sua reazione.

Se la donna è interessata, disponibile ed aperta a flirtare con lui, gli manderà dei segnali di attrazione quali sorridergli, guardare verso il basso quando l'uomo la guarda, linguaggio del corpo sottomesso, giocare con i capelli quando l'uomo la osserva.

Solo la donna sa esattamente quale è la propria situazione sentimentale... Potrebbe al momento non frequentare romanticamente nessuno, oppure aver iniziato a vedere qualcuno ma non essere ancora esclusiva con nessuno dei potenziali partner od avere deciso di lasciare il proprio ragazzo appena individuato il sostituto. Alcune donne cercano prima il sostituto, quando stanno ancora con il proprio ragazzo che hanno già deciso di lasciare – questo è il motivo per cui quando un matrimonio finisce, a volte la donna la settimana successiva è già in giro con un nuovo uomo: questo lascia la maggior parte degli uomini spiazzati, ma in realtà la semplice spiegazione è che la donna si vedeva già con il "*nuovo*" uomo durante la relazione ed ha atteso la fine della stessa per mostrarsi più liberamente in giro con lui.

Un maschio alfa sa bene che quando una donna è pronta ad una frequentazione esclusiva ed è diventato la sua montagna, la stessa manderà via tutti i potenziali ammiratori quando lei porterà il tema dell'esclusività e lui accetterà la proposta.

Se invece la donna è felicemente impegnata in una relazione esclusiva, non disponibile emotivamente e/o non è interessata, non manderà segnali di attrazione e tratterà l'uomo come se non esistesse. In questo caso vuol dire che la donna non è interessata a lui, per cui l'uomo dovrebbe evitare di approcciarla e di sprecare tempo a flirtare con lei.

E' impressionante quante informazioni una donna manda tutto il tempo e a volte non ne è neppure consapevole. Osservando con attenzione quello che fa una donna, il suo linguaggio del corpo e come si comporta nei riguardi dell'uomo si possono notare molte cose sul suo comportamento).

Ritornando a Diego e Yana, stanno divertendosi molto insieme. Dopo aver visitato un posto interessante e romantico, si appartano a casa di

Diego dove passano una notte di passione.

Il giorno successivo, Yana chiama Essenia: *"Essenia, ho una grande novità!!!!"*.

Essenia: *"Di cosa si tratta?"*.

Yana: *"Diego è ufficialmente il mio ragazzo !!!"*.

Essenia: *"Bene, mi fa piacere!!!"*.

Yana: *"Diego è assolutamente incantevole. Ti racconto meglio di persona. Sei libera oggi pomeriggio?"*.

Essenia: *"Sì, volentieri!"*.

Yana: *"Allora vieni a casa mia alle 16:30 e ti racconterò tutto dettagliatamente"*.

Le due dunque si incontrano e Yana racconta ad Essenia l'accaduto con dovizia di particolari: Essenia è molto contenta per Yana.

<u>LA DISCIPLINA DELL'AMORE</u>

E' passato qualche mese dalla sera in cui Yana ha chiesto a Diego di diventare il suo ragazzo e si sono messi insieme. La loro relazione procede alla grande. Diego continua a corteggiarla sapendo bene che *"il corteggiamento non finisce mai"* ed inoltre comunica sempre correttamente con lei, mettendola al suo posto quando c'è bisogno ed aprendola emozionalmente quando necessario.

(Quando la maggior parte degli uomini entrano in una relazione esclusiva, commettono due grossi errori.

Il primo è di sedersi sugli allori, pensando erroneamente che siccome ora sono in una relazione esclusiva non è più necessario corteggiare la donna.

E' importante valutare sempre il grado di attrazione della donna, leggere i suoi segnali ed osservare le sue azioni, continuando a corteggiarla in maniera imprevedibile.

Per gli appuntamenti e cene fuori non scegliere sempre lo stesso giorno della settimana, gli stessi posti e la solita routine ogni volta: questo ucciderà ogni mistero ed anticipazione.

Un'ottima idea è mettere in casa delle dediche di apprezzamento alla donna da qualche parte dove può trovarle come sorpresa, ma con tempistiche e luoghi differenti - in maniera tale che sia sempre una piacevole sorpresa inaspettata per la donna.

Un'altra meravigliosa idea è di portarle di tanto in tanto dei fiori in regalo, ma evitando di fare questo in ottica di una conversazione accesa o per scusarsi visto che in questi casi i fiori non verrebbero percepiti dalla

donna come un segno di apprezzamento.

Il nocciolo della questione è fare sì che la donna si continui a chiedere: *"quale sarà la sua prossima mossa?"* ecc...

Per rendere il corteggiamento più effettivo, dovresti assicurarti di trovare quale linguaggio d'amore utilizza l'altra persona e a quel punto agire di conseguenza così che l'altra persona possa percepire al meglio il tuo amore nei suoi confronti.

Esiste un ottimo libro al riguardo che si chiama *"I 5 linguaggi dell'amore"* di Gary Chapman in cui questa tematica è ampiamente approfondita. In breve ci sono 5 linguaggi d'amore attraverso i quali la persona percepisce l'affetto ed ogni persona tende ad avere un'affinità maggiore con uno dei 5:

-*"Parole affettuose"* (<u>percepire l'amore tramite l'incoraggiamento, l'ascolto e l'apprezzamento</u>): Fare dei complimenti, dediche e messaggi inaspettati di apprezzamento alla persona amata. Evitare di criticarla in maniera non costruttiva e di tenere un atteggiamento poco apprezzativo negli sforzi del/la partner.

-*"Contatto fisico"* (<u>percepire l'amore tramite il contatto fisico</u>): in questo caso è importante concentrarsi molto sul contatto fisico con la persona amata – baci, abbracci, tenersi regolarmente per mano e rendere l'intimità una priorità. Evitare lunghi periodi senza contatto fisico ed intimità. Non comportarsi freddamente verso la persona amata.

-*"Ricevere regali"* (<u>percepire l'amore tramite il vedere che il/la proprio/a partner ti tratta come una priorità e lo mostra con risolutezza</u>): dare regali e fare gesti premurosi, mettendo una grande enfasi nei piccoli dettagli visto che saranno di grande importanza per il/la partner e mostrare sempre gratitudine nel momento della ricezione di un regalo da parte sua. Evitare di scordarsi le occasioni speciali e la mancanza di entusiasmo nel ricevere i doni da parte sua.

-"*Presenza*" (percepire l'amore tramite la presenza e l'attenzione focalizzata dell'altra persona): in questo caso è essenziale concentrarsi sul creare momenti speciali insieme, fare passeggiate e riservare delle piccole attenzioni verso il/la partner – occasioni quali andare insieme in un week-end romantico sono un ottimo bonus. Evitare distrazioni quando si passa del tempo insieme con il/la partner e lunghi periodi senza passare tempo insieme. Inoltre va evitato di comportarsi in modo poco apprezzativo della presenza del/la partner.

-"*Atti di servizio*" (percepire l'amore tramite il lavoro di squadra nella relazione): in questo caso il/la tuo/a partner dà una grande importanza a trattare la relazione come una squadra di due persone che lavora insieme: fare le faccende insieme, preparare e portare la colazione a letto, fare degli sforzi per alleviare la fatica del/la partner durante la giornata. Evitare di rendere le richieste di altre persone più importanti e di non fare le faccende concordate vocalmente – indipendentemente dall'importanza della faccenda.

Se l'uomo smette di corteggiare la donna, allora col passare del tempo diventerà sempre più infuriata nei suoi confronti. Nei primi tempi potrà tollerare la situazione per un po', ma prima o poi inizierà a lamentarsi – inviando dei segnali pericolosi per la sopravvivenza della relazione. Se questi segnali vengono ignorati dall'uomo, allora è solo questione di tempo prima che qualcuno altro inizi a corteggiarla ed eventualmente la donna decida di rompere il rapporto.

In sintesi – il corteggiamento non finisce mai, quindi entrambi i partner dovrebbero impegnarsi, con l'uomo che conduce il flusso e la donna aperta e disponibile alla leadership dell'uomo nel corteggiamento.

Il secondo grande errore che molti uomini commettono quando entrano in una relazione esclusiva è di non comunicare correttamente con la donna. Come detto prima, un uomo non dovrebbe mai discutere logicamente con una donna essendo le donne guidate dalle emozioni e pertanto le discussioni causano semplicemente nella donna una reazione esplosiva in crescita continua per scaricare attorno la propria carica emozionale. In realtà la donna vuole essere aperta emozionalmente quando si sente ferita od essere messa al suo posto quando si comporta in modo irrispettoso.

Questo è un punto molto importante da far notare. Le donne tendono solitamente a risolvere i problemi tramite la condivisione ed il dialogo essendo guidate dalle emozioni, visto che attraverso il dialogo e la condivisione la donna scarica via lo stress emozionale che sente dentro. L'uomo invece solitamente preferisce isolarsi per meditare sulla vicenda e trovare soluzioni pratiche da solo, essendo l'uomo solitamente guidato dalla logica e da una mentalità orientata sull'obiettivo nella vita e sulla rottura delle barriere. Pertanto quando una donna vede che l'uomo è in un periodo difficile, dovrebbe semplicemente dirgli che è lì per lui e se avesse bisogno di un po' di tempo da solo per analizzare la vicenda privatamente. L'uomo apprezzerà molto questo e dopo che ha completato l'analisi della situazione e trovato delle soluzioni pratiche, ritornerà dalla donna ringraziandola ed apprezzando il suo tatto, ritornando quindi ad essere pienamente focalizzato nel dare la propria presenza alla donna. Riguardo la comunicazione, è sempre meglio pensare a quello che si sta per dire mettendosi nei panni del/la partner e tenendo in mente che linguaggio d'amore il/la partner usa. Se tu e il/la tuo/a partner usate linguaggi d'amore diversi, assicuratevi di fare uno sforzo reciproco per vedere la situazione anche dal/la sua prospettiva e del suo linguaggio d'amore principale, quindi se possibile trovate un compromesso per rendere entrambi soddisfatti del rapporto. A volte possono succedere dei fraintendimenti tra partner in quanto uno/a dei due percepisce l'amore in un certo modo e l'altra persona in un modo diverso e non fanno uno sforzo reciproco per venirsi incontro e vedere le situazioni anche dalla prospettiva dell'atto e dopodiché agire di conseguenza.

In una relazione, apri pienamente il tuo cuore alla persona amata e sii apprezzativo della presenza del/la tuo partner. Se sei l'uomo, sii la sua montagna: indipendentemente da quello che succede e da quanto possa testarti, sei il leader nella relazioni e niente può turbarti. Se sei la donna, sii giocosa e rilassata nella tua femminilità per lui. Questo è la polarità sessuale naturale: uomo mascolino e donna femminile. L'opposto – uomo femminile e donna mascolina – può formare ugualmente polarità sessuale, ma è un caso raro e l'eccezione alla regola. Nelle coppie gay e lesbo il/la partner più maschile è considerabile "*l'uomo*" della coppia e viceversa quello/a più femminile "*la donna*" della frequentazione, in questa maniera si forma polarità sessuale tra loro).

Una notte Yana decide di mettere alla prova Diego. Gli racconta di aver avuto un sogno erotico riguardante un collega di lavoro. Diego non si arrabbia e le dice con tono sicuro: *" Che ne dici di venire qui e mostrarmelo?"*. Yana sorride e quindi passano una notte di passione.

(**In questa occasione la donna ha provato a testare l'uomo per vedere se riusciva a farlo ingelosire parlando di un altro uomo. Ha superato il test rimanendo calmo e centrato nella propria mascolinità: la donna ha provato ad ingelosirlo ma non ci è riuscita, il che l'ha fatta sentire di nuovo sicura e rilassata nella propria femminilità per lui ed è quindi diventato il protagonista del sogno erotico che ha avuto la donna. La gelosia non è amore: la gelosia è un sentimento tossico e negativo, dovuto a un senso di inferiorità e di possessività – trattando di riflesso l'altra persona come un oggetto invece che considerarlo/a una persona. Le persone sono fatte per essere amate e gli oggetti per essere usati: le persone non sono oggetti di tua proprietà (purtroppo in questo tipo di società succede spesso il contrario).**

Quando entri in una relazione, lo scopo è di dare e condividere, volendo che la persona amata cresca in una versione migliore di sé stessa. Le autentiche relazioni romantiche si basano sulla condivisione della propria completezza individuale e felicità con la persona amata, fidandosi del/la partner e rispettandone la libertà individuale. L'amore è libertà e la libertà è lo stato naturale di ogni essere vivente, pertanto*"Devi amare in modo tale che la persona amata si senta libera"*. Pertanto in una relazione romantica autentica non c'è spazio per gelosie, mancanza di fiducia e comportamenti irrispettosi verso la persona amata. Le relazioni che si basano su tratti negativi come possessività, comportamenti irrispettosi e mancanza di fiducia sono relazioni

tossiche. In questa tipologia di relazioni tossiche, le due persone diventano completamente dipendenti emotivamente l'uno dall'altro, esattamente come un parassita dipende dal proprio ospitante: pertanto invece di entrare e stare nella relazione per dare e condividere la propria completezza individuale, si focalizzano su cosa possono ottenere dalla *persona amata*. In breve – le relazioni tossiche non sono autentiche relazioni romantiche, bensì si possono considerare a tutti gli effetti delle transazioni.

A volte succede che una persona può ignorare le bandiere rosse di una persona tossica e decidere di entrare in una relazione con essa. Questo spesso accade quando una persona ignora le bandiere rosse di una persona che soffra di disturbi di personalità cluster-B (narcisismo, psicopatia, istrionismo).

Le persone che soffrono di cluster B amano avere come partner una persona che non si fa rispettare. Un narcisista è focalizzato totalmente nell'amplificare il suo ego tramite l'adulazione degli altri ma in realtà interiormente soffre di bassa autostima e si sente inadeguato. E' interessante a questo proposito notare come le donne che soffrono di narcisismo amano farsi tantissimi selfie e li postino ovunque nei loro profili sociali: in realtà cercano i like e commenti positivi come sorgente extra di adulazione. Gli psicopatici e gli istrionici hanno tendenze simili, ma un obiettivo ben diverso in mente: gli psicopatici tendono ad essere molto impulsivi e si incentrano sul controllo, distruzione e potere a tutti i costi; mentre gli istrionici vogliono sopra ogni altra cosa l'essere il centro dell'attenzione globale – per l'istrionico l'adulazione è il fine stesso, non un *mezzo per un fine* come nel caso del narcisista. In tutti e tre i disturbi, possiamo notare lo stesso identico approccio relazionale: *"elevazione"*, *"de-elevazione"* e *"scarto"*.

Nella prima fase di *"elevazione"* l'individuo affetto da cluster B inizia rapidamente a trattare l'altra persona come se fosse il re/la regina del mondo ecc... Le persone che soffrono di bassa autostima tendono a cadere più facilmente vittima di questa trappola.

Quando il bersaglio inizia a provare dei sentimenti verso la persona che soffre di cluster B, quest'ultima inizia ad entrare nella fase di *"de-elevazione"*: ogni situazione negli occhi della persona affetta da cluster B diventa colpa del/la partner. Se quest'ultima non si difende dagli attacchi della persona con disturbi cluster B facendosi rispettare, allora è solo questione di tempo prima che la persona col disturbo cluster B passi alla fase di *"scarto"*... La persona col disturbo cluster B sparisce ed ostacola ogni tentativo di comunicazione, lasciando spesso il bersaglio confuso sull'accaduto. Appena scorgi nel/la potenziale partner dei segnali comportamentali correlati a disturbi cluster B, ti suggerisco vivamente di scappare a gambe levate veloce alla Usain Bolt e non voltarti indietro, idealmente prima di aver formato un legame emozionale con la persona con le tendenze cluster B. Le persone che soffrono di disturbi cluster B non sono dei candidati ideali per delle relazioni autentiche – in quanto quello che conta per loro è solamente sé stessi e il proprio tornaconto personale).

A volte Yana chiede a Diego quando prende un nuovo vestito se la fa sembrare grassa. Al che Diego le risponde: *"Tesoro, ti dico quello che troverei veramente sexy. E' che ti alleni nuda con me nelle arti marziali. Sarebbe molto sensuale"*.

Al che Yana sorride e Diego a volte la stuzzica

quando sta per andare ad allenarsi: *"Perché non vieni ad allenarti con me nuda nelle arti marziali? Ti ho detto che sarebbe una cosa molto sexy"* con lei sorridente in risposta a questo.

(Quando una donna chiede domande del tipo: *"Questo vestito/etc... mi fa sembrare grassa?"* e simili – queste sono domande subdole. La migliore risposta in questi casi non è *"sì"* o *"no"*, ma piuttosto una risposta scherzosa detta in modo giocosa ed abbinata ad un complimento, come visto sopra).

Diego quindi avvisa Yana che si dovrà concentrare su una lunga serie di negoziazioni per concludere un affare, tempistica prevista di almeno una settimana - promettendole di passare più tempo insieme appena ha finito questa lunga trattativa. Yana comprende la situazione e gli augura buona fortuna.

Tre giorni dopo Yana esce con delle amiche e si ubriaca un po'. Quando è ritornata a casa, il suo cellulare suona e nota che ha appena ricevuto un messaggio inaspettato....

UN MESSAGGIO INASPETTATO

....Yana apre il messaggio e rimane scioccata al leggerlo: *"Ciao Yana, è da tempo che non ci sentiamo. Mi scuso per essermi comportato in maniera bastarda con te. Mi piacerebbe rivederti e provare una riconciliazione. Se sei interessata, fammi sapere quando sei disponibile per fissare un appuntamento... Igor"*.

Da quando si erano lasciati, non si erano incrociati l'uno nell'altro.

Un forte flusso di emozioni e di brutti ricordi inizia a scatenarsi in Yana: i momenti stupendi passati con lui (appuntamenti, notti di passione ecc..), ma anche le feroci discussioni, i problemi di comunicazione e il modo in cui si lasciarono.

(Per quanto riguarda la riconciliazione romantica con un/una ex, questo desiderio di solito nasce da una situazione nella quale sono coinvolte uno dei due ha lasciato l'altro/a.

In queste situazioni, a volte, succede che una delle due persone proponga all'altra di *"essere soltanto amici"*. Spesso questa offerta viene da parte della donna allo scopo di ridurre il danno emozionale della rottura. Tuttavia se accetti di *"essere soltanto amico/a"* con un/una ex, allora l'attrazione dello stesso/a verso i tuoi confronti si ridurrà gradualmente. Se vuoi una riconciliazione romantica con un/una ex, va applicato il principio della negoziazione di Michael Yon: " *La posizione più forte nella negoziazione è sempre in grado di andarsene via e non girarsi indietro"* . Se vuoi una riconciliazione romantica con un/una ex, non dovresti

mai accettare di *"essere soltanto amico/a"* con lui/lei. Possiamo, quindi, distinguere due casi principali.

1) <u>COLUI/COLEI CHE LASCIA L'ALTRA PERSONA</u>: La persona che lascia l'altro/a è in una posizione di negoziazione iniziale più vantaggiosa. Questo permette alla persona che ha lasciato l'altro/a di chiedere scusa alla persona lasciata per il dolore causato e di offrire quindi un appuntamento alla stessa. Se la persona lasciata è disponibile ad incontrarsi romanticamente, allora bisogna concentrarsi sul fissare un appuntamento, divertirsi insieme e quindi sedurre il/la ex. Se l'appuntamento procede bene, a quel punto la situazione diventa un corteggiamento normale. Se la persona lasciata dice di no, dirgli/dirle di contattarti in caso cambiasse idea in futuro e quindi andare via e non girarsi indietro.

2) <u>LA PERSONA LASCIATA</u>: La persona lasciata parte da una posizione svantaggiata. Dopo aver detto alla persona che ti ha lasciato/a che sei solo interessato/a ad interagire con lei romanticamente e non in modo platonico, ma la stessa non è disponibile a questa soluzione – allora dirgli/dille di contattarti se dovesse cambiare idea in futuro e quindi andarsene via e non girarsi indietro. Da quel momento in poi, fai sì che sia la persona che ti ha lasciato/a ad iniziare il 100% dei messaggi, chiamate e di *"caccia"* dell'attenzione (questo caso è diverso da un corteggiamento regolare e va applicato solo nel caso in cui sei stato lasciato/a o il corteggiamento casuale non è proseguito contro il tuo volere). Nel caso in cui la persona che ti ha lasciato si facesse viva in una conversazione diretta, non farti prendere dalla nostalgia e vai direttamente al punto: digli/dille che è un piacere sentirlo/a, che ti piacerebbe rivederlo/a

e quando è disponibile a venire a cenare a casa tua (avendoti lasciato/a, dovrebbe fare uno sforzo aggiuntivo per rimediare alla rottura).

Se in due tentativi successivi il/la ex ha dei dubbi sul vedersi o dice di no, allora smetti di chiedere e se continua a farsi vivo/a, apprezza il messaggio ma tieni un atteggiamento più distaccato e chiudi velocemente la conversazione menzionando che è stato un piacere sentirlo/a, ma che devi andare visto che sei occupato/a – accettando un appuntamento solo se è la persona che ti ha lasciato/a a proporre di vedersi.

E' importante notare come in entrambi i casi, l'uomo dovrebbe concentrarsi sul fissare i dettagli logistici dell'appuntamento, divertirsi con la donna e quindi sedurla quando si sente pronta. La donna invece dovrebbe concentrarsi sulla connessione e solo lei dovrebbe portare il tema dell'esclusività quando si sente pronta. Come detto già qualche volta, affinché una donna si innamori solitamente sono necessari come minimo 2 mesi di frequentazione (ammesso che l'uomo faccia tutto correttamente) così che la stessa si senta pronta a portare il tema dell'esclusività.

Se la rottura è una decisione mutuale e le due persone sono ottimi comunicatori e maturi, allora possono scegliere di rimanere amici dopo un periodo di pausa per riflettere e riordinare le idee ed emozioni. Potrebbero anche decidere di riconciliarsi romanticamente in seguito, in tal caso il corteggiamento viene trattato seguendo il flusso standard dell'attrazione.

In sintesi – la vita va avanti e le persone o crescono insieme o crescono da sole).

Yana non è pienamente lucida in quel momento essendo ubriaca ed il ricordo delle notti di passione con Igor diventa così forte che sente il bisogno di chiamarlo e di invitarlo a casa sua in serata...

La richiesta viene accetta da Igor.

(L'ubriachezza può influenzare il comportamento di una persona per cui può farle fare delle scelte di cui si può pentire in seguito).

Mentre Igor si sta recando da Yana, gli passa vicino una coppia. Stanno discutendo ferocemente e la donna gli urla in maniera estremamente infuriata: *"Non mi ascolti mai!!!"*. L'uomo invece dice di ascoltarla, non recependo il messaggio che la donna vuole veramente comunicare e questo provoca uno scalare dell'intensità della discussione.

(Tutto quello che dice e fa una donna si basa sulle sue emozioni nel momento attuale. Quando una donna fa delle generalizzazioni con astio del tipo *"Non mi ascolti mai!!!"*, quello che intende dire è semplicemente che non si sente ascoltata proprio in quel momento. In questi casi l'uomo dovrebbe semplicemente agire per aprirla emozionalmente come già spiegato nel libro, fino a che non dirà di sentirsi molto meglio e/o ringraziarlo per aver parlato. Alla donna non importa se l'uomo è stato per anni il partner ideale – se l'uomo fa un pasticcio, non ha alcun credito residuo per essere stato il partner ideale fino a quel momento (come molti uomini erroneamente invece assumono logicamente), bensì l'uomo deve risolvere subito quel pasticcio.

Una donna sa che se l'uomo l'ama e tiene davvero a lei, allora lo dimostrerà con azioni e fatti. Ci sono 4 fattori principali che causano la rottura di un rapporto sentimentale – Gottman li ha definiti *"i 4 cavalieri dell'apocalisse"* ed è importante riconoscere il prima possibile quando essi appaiono nella tua relazione e quindi passare all'azione prima che sia troppo tardi per salvare il rapporto:

1) <u>Criticismo</u>: *attacchi verbali sulla personalità o carattere del/la partner.*

2) <u>Disprezzo</u>: *attaccare la coscienza del/la partner con l'intenzione di insultarlo/a o di abusarne psicologicamente.*

3) <u>Diffidenza</u>: *vedersi come la vittima per deviare al/la mittente un attacco ricevuto ed invertire la colpa sul/la partner.*

4) <u>Ostruzionismo</u>: *allontanarsi dalla relazione in maniera di evitare conflitti e con l'intenzione di esprimere disapprovazione, distanza e separazione verso il/la partner.*

Il miglior modo per contrastarli consiste in:

1) <u>Contro il criticismo</u>: *Farsi valere e rispettare, parlare dei propri sentimenti e sensazioni esprimendoli con affermazioni riguardanti se stessi e quindi affermare le proprie esigenze positive al/la partner.*

2) <u>Contro la diffidenza</u>: *Assumersi le proprie responsabilità, ma solo per la propria parte del conflitto.*

3) <u>Contro il disprezzo</u>: *Costruire un'atmosfera di apprezzamento e rispetto nella relazione.*

4) <u>Contro l'ostruzionismo</u>: *Essere quanto più empatico/a possibile con il/la proprio/a partner. Far notare che se il/la partner non se la sente di gestire la faccenda immediatamente, chiedergli/le se è possibile fare qualcosa per aiutarlo/a a sentirsi pronto/a ad aprirsi e comunicare. E' meglio lasciare all'altra persona un po' di spazio (idealmente almeno 20 minuti) così che si calmi sufficientemente e sia in grado di parlare della situazione e delle sensazioni che prova in maniera più costruttiva.*

L'ostruzionismo è il più pericoloso dei quattro fattori ed é la situazione più complicata da risolvere, in quanto senza comunicazione non può esistere un'autentica relazione. Una volta che la relazione raggiunge la fase di ostruzionismo e non c'è uno sforzo mutuale da parte di entrambi per risolvere la situazione allora è solo questione di tempo prima che la relazione si dissolva del tutto. Per questo motivo è fondamentale prevenire sul nascere la comparsa dell'ostruzionismo, agendo in maniera costruttiva fin dai primi segnali minori quali il criticismo).

Ritornando ad Igor, è appena arrivato vicino alla casa di Yana, la quale lo aspetta fuori per salutarlo. Igor ne approfitta baciandola subito e Yana contraccambia il bacio, iniziando a pomiciare con lui. Tuttavia Yana non si era accorta che qualcuno altro era arrivata esattamente in quel preciso momento... Diego aveva concluso quel lungo affare prima del previsto, così aveva deciso di fare una visita a sorpresa a Yana e portarle un mazzo di rose. Vedendo che Yana bacia Igor con passione e lo invita dentro, Diego scaglia con forza le rose per terra e se ne va via senza essere notato dai due... La tensione sessuale tra Yana ed Igor è molto alta ed anche se Yana prova inizialmente un conflitto emotivo, nel corso della serata si lascia andare del tutto e passano una notte di passione.

L'IMPORTANZA DELLA FIDUCIA

La mattina successiva Yana si sveglia e nota che è nuda a letto insieme ad Igor – al che capisce immediatamente quanto è successo la notte precedente.

Anche Igor si sveglia e le sussurra in un orecchio: *"Hey! E' stato incredibile Yana... La miglior notte di passione che abbiamo mai avuto..."*

Al sentire questo, Yana inizia a ricordarsi meglio dell'accaduto e di quanto fosse stata esaltante l'esperienza, al che Yana si sente confusa e non sa cosa dire in quel momento. Il cellulare di Yana all'improvviso suona...

La faccia di Yana diventa bianca come un fantasma quando legge il messaggio appena ricevuto... Il mittente è Diego e il messaggio dice:

"Dobbiamo parlare di persona il prima possibile".

Alla lettura di ciò, Yana va completamente in panico e dice ad Igor: *"Ieri ero un po' ubriaca, Igor. Sì, è stata la miglior notte di passione che abbiamo mai avuto e per questo ti ringrazio ma... Ora te ne devi andare via..."*.

Igor: *"Ok, capisco. Ora me ne vado via, ma comunque ricordarti che l'accaduto di ieri è stato consensuale. Grazie ancora per la magnifica notte di passione e ti auguro una splendida giornata...."*.

Igor rapidamente si veste e se ne va via, mentre Yana pensa sul da farsi.

(Il sesso da solo non è sufficiente per far

funzionare una relazione sul lungo termine. Se nella coppia sono presenti problemi di comunicazione, i valori non sono allineati e non ci sono degli interessi e passioni in comune - allora con il passare del tempo la coppia si depolarizzerà gradualmente ed alla fine si dissolverà del tutto. Alcune donne cercano un sostituto quando avviene la depolarizzazione, prima di rompere con l'attuale ragazzo per il quale provano bassa attrazione. Questo tipo di donne solitamente inizia a parlare con tono malizioso di altri uomini quando non sono soddisfatte. E' il modo delle stesse di dire all'uomo: *"Svegliati, questo è il tuo sostituto se non ti dai da fare per risolvere la situazione visto che non sono soddisfatta di come sta attualmente procedendo la relazione"*.

In breve in una relazione non si fa sesso tutto il tempo con il/la partner, per cui devi avere dei valori allineati e qualche interesse in comune – in questa maniera la conversazione tra voi due non diventerà mai monotona.

Anche la compatibilità sessuale è importante, per cui è meglio documentarsi leggendo libri che aiutino a migliorare le proprie abilità sessuali ed effettuare esperimenti con il/la partner. In particolare ti suggerisco di leggere libri sul Tantra Yoga. Il Tantra è un ramo dello yoga che studia l'utilizzo del sesso come forma di meditazione avanzata ed inoltre ha sviluppato nel corso di millenni svariate potenti tecniche

sessuali... Con il Tantra puoi sperimentare il sesso alla sua massima potenzialità).

Dopo che si è calmata, Yana chiama Diego: *"Ciao tesoro, ho visto il tuo messaggio. Come stai? Cosa succede?"*.

Diego: *"Ho concluso quel lungo affare con esito positivo. Quando ti posso parlare personalmente? Vorrei parlarti di una certa faccenda de visu appena possibile"*.

Yana inizia a dare di matto appena sente dire questo da Diego con un tono di voce distaccato, realizzando che molto probabilmente *"la faccenda"* era l'accaduto di ieri – ma cerca di calmarsi.

Yana: *"Certo, che ne dici di parlarne stasera?"*.

Diego: *"Ok, facciamo a casa mia alle 18?"*.

Yana: *"Ok, a dopo"*.

Yana arriva da Diego all'ora concordata. Yana prova a baciare Diego, ma egli rifiuta il bacio e la guarda in maniera fredda.

Yana: *"Tesoro, cosa c'è che non va?"*.

Diego: *"Ho finito prima del previsto quella lunga negoziazione di cui avevamo parlato. Così ieri avevo deciso di venirti a fare una visita a sorpresa e per l'occasione portarti un bouquet di rose. Ma..."*

Yana impallidisce completamente mentre Diego continua: *"...Immagina la mia delusione quando ti ho visto pomiciare con un tizio davanti a casa tua ed invitarlo velocemente dentro...."*.

Yana: *"Diego per favore... Tesoro... Non saltare immediatamente a conclusioni affrettate. Ti posso spiegare – la situazione non è come sembra...."*.

Diego: "...*E come sarebbe allora? Ti ascolto*".

Yana: "*Ieri ero un po' ubriaca, non ero lucida e sai... Igor è un mio ex ed è semplicemente successo...Questa mattina quando mi sono svegliata, ho realizzato di aver fatto uno sbaglio e l'ho mandato fuori velocemente da casa mia... Non posso cambiare quello che è successo ieri. Ma ti posso assicurare che ti amo con tutto il cuore*" - al che Yana prende l'iniziativa e riprova a baciarlo sulle labbra... Ma nuovamente egli rifiuta il bacio.
Diego l'allontana con un tocco delicato e le dice:
"*Yana, ti sfugge il nocciolo della questione. Anche se eri un po' ubriaca, hai comunque fatto una scelta deliberata e consensuale ieri... E per aggravare la situazione, il tutto con un tuo ex.... Ti ho visto che lo baciavi con passione Yana. Ascolta... Ti amo anche io, ma qui la faccenda non riguarda l'amore...*"

Yana dà sempre più di matto sentendo come la voce di Diego diventa sempre più fredda: "*La faccenda riguarda la fiducia. Sono deluso del tuo comportamento e non sento al momento di potermi fidare di te. Devi dimostrarmi con azioni che mi posso fidare di nuovo di te*".

Yana: "*Per favore Diego... Credimi... Tra noi può ancora funzionare... Sono mortificata dell'accaduto.... Se hai bisogno di tempo per riflettere, lo capisco e ti darà il tempo che ti serve. Possiamo riparlarne quando ti sei calmato e ci hai riflettuto su...*".

Diego: "*Yana... Ho bisogno di stare un po' da solo a riflettere, ti contatterò appena ho deciso il da farsi. Ora, per favore lasciami in pace... Ci sentiamo".*

Yana capisce che è meglio lasciare un po' di spazio a Diego, quindi lo saluta e se ne va via.

(Ricordati sempre che la fiducia si basa su una serie di esperienze condivise... Quindi quando il comportamento è congruente si sviluppa la fiducia nella relazione, invece quando le promesse vengono rotte o le persone ingannate la fiducia scompare. La fiducia impiega molto tempo per formarsi, ma può essere persa in un batter d'occhio).

Quindi ritornata a casa sua Yana chiama Essenia, la quale va velocemente a trovarla e Yana le spiega l'accaduto.

Essenia: *"Lo sai che è come se fossi una sorella per me, vero Yana?".*

Yana: *"Sì, lo so e la cosa è reciproca".*

Essenia: *"Capisco che eri un po' ubriaca, quindi non eri completamente lucida quando hai commesso quello sbaglio. Tuttavia hai comunque tradito Diego, quindi lui ha pienamente ragione nel dubitare della tua lealtà nei suoi confronti e per aggravare la situazione l'hai tradito con un tuo ex... Potrebbe essere stato solo uno sfogo passionale momentaneo od inconsciamente che tu provi ancora qualche sentimento verso Igor. In ogni caso, tu hai già spiegato la situazione per cui... Ora rispetta il suo spazio ed attendi la sua decisione. Non mettergli pressione, ha bisogno di riflettere e se gli metti pressioni sarebbe una mossa per te deleteria, in quanto gli daresti la sensazione che non ti importa di quello che sta provando a causa del tuo* comportamento. Ricordati che qualsiasi cosa Diego scelga di fare, ci sono per te e cerca di essere più prudente in futuro con gli alcolici".

Yana: "Ti ringrazio molto per la conversazione Essenia, sì rispetterò il suo spazio. Questo detto, sono un po' nervosa e spaventata... Il suo tono di voce e comportamento verso di me erano così distaccati ieri...".

Essenia: "Vediamo semplicemente cosa succede..".

Yana: "...Sì, vediamo... Spero che mi dia la possibilità di continuare a stare con lui".

(O sei pienamente impegnato in una relazione esclusiva oppure non lo sei. Se sei in una relazione esclusiva allora ricordati che tradire il/la partner è un fatto grave, in quanto alla base di ogni relazione autentica c'è il rispetto e fiducia. Se viene meno la fiducia, allora non c'è motivo di continuare. In sintesi – quando si commette un tradimento, la scelta finale su cosa fare dipende dalla volontà dei partner in quanto "Ci vogliono due persone per ballare il tango").

L'EPILOGO

Yana guarda il telefono molte volte al giorno, sperando di ricevere presto una chiamata o messaggio da parte di Diego. Passa una settimana, ma ancora nulla... E Yana si preoccupa molto, pensando che la relazione con lui stia per dissolversi.

Dopo circa 10 giorni, Diego finalmente la chiama.

Yana: *"Ciao Diego!"*.

Diego: *"Ho pensato molto all'accaduto e ho deciso cosa fare. Preferirei parlarti di persona. Che ne dici di venire domani sera da me?"*

Yana ha un brutto presentimento, ma cerca di rimanere calma: *"Sì, ok"*.

Diego: *"Ok, facciamo alle 7 da me?"*.

Yana: *"Ok, a domani"*.

Diego: *"Ci vediamo domani"*.

Yana chiama Essenia, la quale prova a tirarla su di morale e le dice di aspettare cosa succederà il giorno seguente.

La sera successiva Diego la aspetta fuori casa alle 7 con le chiavi in mano. Yana arriva e lo saluta, Diego la invita ad entrare. Quindi lei entra e mentre Diego sta chiudendo la porta, all'improvviso si sente un rumore... E due criminali con la faccia coperta dai passamontagna appaiono dal nulla e li attaccano. Diego riesce a mandare al tappeto uno dei due e sta per fare lo stesso con l'altro. Ma all'improvviso un terzo delinquente armato di pistola, sopraggiunto per coprire le spalle ai complici, spara. Diego viene colpito e cade a terra privo di sensi.

Yana urla *"Diegoooo noooo!!! Per favore
qualcuno ci aiuti!!! Polizia!!! Aiuto!!!"*. Uno dei
ladri la tiene ferma al suolo, la imbavaglia e la lega.
Quindi entrano in casa per rubare.

Un poliziotto, che si trovava in una strada vicina,
aveva sentito i colpi di pistola ed urla di Yana...
Si precipita per intervenire. I ladri, alla vista del
poliziotto, scappano velocemente con uno scarso
bottino. Il poliziotto trova Diego a terra, sanguinante
e privo di sensi, e Yana a terra imbavagliata.

La casa era stata messa a soqquadro ma i ladri erano
riusciti a prendere poche cose. Il poliziotto constata
che Diego è ancora vivo, privo di sensi ed ha
bisogno urgentemente di assistenza medica.
Quindi il poliziotto chiama subito un'ambulanza e
libera Yana.

Yana: *"Come sta Diego? E' ancora vivo???"*.

Il poliziotto: *"E' ancora vivo, ma è privo di sensi.
Ha bisogno di essere trasportato urgentemente in
ospedale, non si preoccupi – ho già provveduto a
chiamare l'ambulanza e sarà qui nel giro di qualche
minuto. Nel frattempo cercherò di tamponare la
ferita in attesa dei soccorsi. Per favore mi dia subito
quelle bende e corde ora"*.

Yana: *"Certo, eccole. Per favore, aiuti Diego"*.

Il poliziotto le dice:*"Sono un uomo di parola e
farò tutto il possibile per aiutarlo"*. Con le corde
stringe forte sopra la ferita per bloccare il flusso del
sangue e mette delle bende sulla sua ferita.

Yana si calma un po' e spiega l'accaduto al
poliziotto il quale dovrà redigere un rapporto.

Yana non ha riportato alcuna ferita, ma il poliziotto le suggerisce comunque di andare all'ospedale per farsi visitare controllo.

Mentre dice questo, l'ambulanza finalmente arriva e l'uomo si assicura che sia Diego che Yana vengano trasportati insieme all'ospedale, augurandogli tutto il meglio.

(La certezza è un tratto maschile. Quando un uomo dice che farà qualcosa e la fa, la donna si fiderà a pieno della sua mascolinità dell'uomo e tornerà ad agire in modo più femminile e quindi a seguire la leadership dell'uomo. Quando un uomo agisce in maniera incerta ed incongruente, la donna non si sentirà protetta e al sicuro).

Diego e Yana arrivano all'ospedale. L'uomo viene immediatamente portato nella zona per i codici rossi, Yana invece nella zona per i codici verdi.
I dottori verificano le condizioni di Yana.
"Sta bene" - le dice il dottore - *"Qualche piccola escoriazione dovuta al fatto di essere stata legata ed imbavagliata, ma nulla di grave. Le suggerisco un po' di riposo. Ora può andare a vedere come sta Diego."*.

Yana ringrazia il dottore e quindi corre a vedere dove è Diego. Egli è in barella e viene portato immediatamente in sala operatoria.
"Cosa succede?" - Yana chiede al dottore.

"Bisogna operarlo urgentemente, per favore si sposti subito ed attenda finché non abbiamo finito l'operazione". - risponde il dottore.

Quindi portano velocemente Diego in sala

operatoria, mentre Yana attende fuori.

Yana è completamente sсioccata: *"Non può essere... Se non l'avessi tradito con Igor, forse non ci saremmo visti all'ora prevista di oggi e questa situazione non si sarebbe verificata...".*

Yana chiama subito Essenia che si precipita a vederla e quindi le spiega in dettaglio l'accaduto.

Essenia: *" Non è colpa tua, la colpa è di quei ladri. Loro hanno sparato a Diego, non tu. Tutto quello che puoi fare è sperare che sopravviva all'operazione ed stargli vicino".*

Yana: *"Sì, hai ragione. Sono molto preoccupata per lui".*

Il dottore, dopo alcune ore, esce dalla sala operatoria.

Il dottore: *"Salve Yana, abbiamo appena finito l'operazione".*

Yana: *"Come sta, dottore?".*

Il dottore: *"Abbiamo rimosso il proiettile e fermato l'emorragia. Fortunatamente il proiettile non ha colpito alcuna area vitale, ma lui non si è ancora ripreso del tutto ed è privo di sensi. Lo terremo sotto verifica fino a che non si risveglia".*

Yana: *"Per favore posso stargli vicino? Lo amo".*

Il dottore: *"Sì, nessun problema... Le procurerò una sedia e potrà stargli vicino".*

Yana: *"La ringrazio infinitamente, dottore".*

Yana ed Essenia seguono il dottore, quindi Yana prende la sedia e si mette vicino a Diego – mentre Essenia la attende fuori dalla stanza.

Le ore passano ma Diego è ancora privo di sensi e

Yana si addormenta su di lui, mentre Essenia dorme fuori dalla stanza.

La mattina successiva Essenia si sveglia e nota che Diego è ancora privo di sensi e che Yana sta dormendo vicino a lui.

E quindi all'improvviso... Diego inizia a muoversi, apre gli occhi e nota che Yana sta dormendo su di lui. Essenia si accorge del suo risveglio questo ed entra nella stanza.

Essenia: *"Buongiorno Diego! Sono contenta di vedere che ti sei risvegliato. Yana era molto preoccupata per te e ti è stata vicina tutto il tempo. Se lo desideri, posso chiamare immediatamente i dottori affinché facciano i controlli di rito".*

Diego: *"Ti ringrazio Essenia, ma prima vorrei parlare qualche minuto da solo con Yana. Mi sento bene e desidero parlarle ora".*

Essenia: *"Certo, nessun problema".*

Diego fa il solletico a Yana con una mano e quindi la sveglia. Yana: *"Cosa è successo... Diego sei sveglio!!! Ero così preoccupata per te!!!".*

Diego: *"Anche io ero preoccupato per te. Quando uno dei criminali mi ha sparato, ho visto all'improvviso tutto buio e ho avuto il terrore che anche tu fossi stata colpita da un proiettile, mentre stavo cadendo a terra privo di sensi. Apprezzo molto che mi sei stata vicina tutto il tempo e sono contento di vedere che stai bene".*

Yana: *"Mi dispiace tanto per quello che è successo ieri".*

Diego: *"Non è colpa tua, Yana. E' stato il*

*criminale a spararmi, non tu. La cosa importante è
che siamo sopravvissuti entrambi e che stiamo
bene"* - quindi continua: *"E vedendo il tuo
comportamento, posso notare che sei onesta nel dire
che mi ami."*

Yana: *"Certo che ti amo Diego... Con tutto il mio
cuore! Significa che mi perdoni? Sei disponibile a
continuare una relazione esclusiva con me?"* .

Diego: *"Yana.. Anche io ti amo. Ti perdono e la
risposta alla seconda domanda è sì, ma alla
condizione che smetti di ubriacarti e che tu in futuro
sia leale. Che ne dici?"*.

Yana sorride felicemente: *"Certo tesoro, te lo
prometto"* e quindi lo bacia, con Diego che
contraccambia il bacio in modo passionale. Senza
volerlo, Yana tocca un'area bendata con forza nel
corpo di Diego.

Diego: *"Ahia!!! Non toccare lì"*.

Yana: *"Mi dispiace"*.

Diego: *"Non ti preoccupare, non l'hai fatto
apposta. Ora è il momento di chiamare i dottori in
modo che facciano gli ultimi controlli di rito"*.

Essenia sorride alla scena. Diego chiede ad
Essenia di chiamare i dottori, i quali arrivano e
verificano che lui sta bene e gli dicono che
dovrebbe stare a riposo nell'ospedale ancora qualche
giorno. I dottori chiedono le informazioni per
contattare i parenti e gli amici più stretti di Diego.
Quindi Diego consiglia a Yana ed Essenia di tornare
a casa propria e riposare un pò, dicendole che si
rivedranno presto. Quindi nell'arco della giornata i

genitori e i suoi amici vengono a trovarlo. Diego chiede ad Emilio di aiutarlo a verificare come sta Martin e di cambiare la serratura di casa, dandogli un contatto utile. Emilio sfrutta questa occasione per presentargli la sua nuova ragazza, Antonina.

Qualche giorno dopo, Diego viene rilasciato dall'ospedale e ritorna a casa.

La relazione romantica tra Diego e Yana si è rafforzata più che mai e quindi presentano l'uno all'altro i rispettivi genitori.

Ad un certo punto Yana chiede a Diego: *"Quando andremo a vivere insieme?"*.

Diego: *"Va bene, subito!"*.

Yana: *"Ottimo! Non vedo l'ora!"*.

(Una persona può nascondere la propria essenza per un massimo di 90 giorni. E' meglio pertanto non farsi prendere dalla fretta quando è il momento di fare decisioni importanti riguardo ad una frequentazione romantica. Il matrimonio non è un requisito essenziale per una ottima relazione, e tale ipotesi dovrebbe essere accuratamente valutata – idealmente dopo almeno 1-2+ anni di frequentazione).

Quindi Diego e Yana completano tutti i preparativi necessari e vanno a vivere insieme.

"DEVI AMARE
IN MANIERA TALE CHE
LA PERSONA AMATA SI
SENTA LIBERA"
(Thich Nhat Hanh)